Ilustrações
Diego Barros

Davi Melo
@INVERNO EM SATURNO
A GRAVIDADE QUE É A POESIA

1ª Edição
Fortaleza, 2018

CeNE
EDITORA

Copyright@2018 CeNE
Texto: Davi Melo da Penha

Edição
Edmilson Alves Júnior
Igor Alves
Irenice Martins

Preparação de Originais e Coordenação Geral
Jordana Carneiro

Revisão
Cidia Menezes

Capa e Ilustrações Internas
Diego Barros

Projeto Gráfico e Diagramação
Diego Barros

Edição Conforme o Novo Acordo Ortográfico da Língua Portuguesa
Dados Internacionais de Catalogação na Publicação (CIP)

Penha, Davi Melo da
@ Inverno em Saturno: a gravidade que é a poesia / Davi Melo. - Fortaleza: CeNe Editora, 2018.

144 p.: 14 x 18 cm

ISBN 978-85-68941-10-2

        1. Literatura Brasileira. 2. Crônicas. I. Título.

CDD B869.4

Ficha catalográfica elaborada pela Bibliotecária Ana Maria Farias - CRB-3/858

Av. Santos Dumont, 1343 - Loja 4
Centro - Fortaleza - CE - CEP 60.150.160
www.editoracene.com.br
(85) 2181.6610

Dedico este livro aos que,
assim como eu,
encontram nas palavras,
em formas de versos,
textos e rimas,
suas sinas.

Sumário

Orbitar em ti 19
Esqueça todos os planos e coloque tudo dentro de
uma gaveta 22
Alguém vai chegar, vai ficar, vai te amar 25
Para de reclamar e vê se continua acreditando no amor 28
Vai chegar e vai ficar 32
Você está do outro lado da cidade, mas parece que
está do outro lado do sistema solar 36
Nas esquinas do meu coração 41
A minha intensidade 44
Pensei em te ligar 49
Talvez o amor os reinvente 51
Seguir sem ninguém 54
Não deixe de acreditar 58
Estou te esperando chegar 61
Meu coração é forte 64
Vou ter saudades de você 69
Eu quero te amar quando o fim da noite chegar 70
Amor não é escolha, é condição 73
Não deixe 75
Deixo ir 76
O universo gira feito um carrossel 78
Saudade de quando visitávamos as galáxias 82
Medo de se entregar novamente 85
As curvas do amor 86
Meus dedos entrelaçados aos teus 88

É assim que o amor nos mostra o quanto a vida é bela 91
Obrigado por estar aqui 94
O amor está na torcida 95
Um texto para você 96
O amor é roupa limpa e pendurada no varal 99
Vai aparecer alguém 101
Hoje eu acordei amando 102
Se eu tivesse uma máquina do tempo...
eu teria voltado e te evitado 104
Quem manda na saudade é o domingo 107
Como é bom te namorar 108
Três vidas contigo 110
Esperar alguém 113
Todo dia é dia de amar 114
Talvez 117
Obrigado por não ter ficado 118
Não aguento mais esperar 120
Ainda bem que acabou 122
Te encontrar é bom 125
Tem sorriso que parece casa 126
Meu amor é teu... 127
Tá faltando amor 128
É hora de recomeçar 130
Saudade... 132
Vidas passadas 135
Ainda espero por você 136

Apresentação

Davi Melo já nasceu um escritor, mas só descobriu isso e expôs a sua escrita entre os anos de 2014 e 2015, após passar por uma experiência delicada, que fez com que ele levasse toda a sua poesia para as redes sociais. Em 2016, com uma participação efetiva em grupos de poesia no Facebook, ele, então, pôde fazer com que outros membros dos grupos pudessem ler os seus escritos e conhecer o seu amor, as suas dores, as suas emoções e todos aqueles sentimentos que foram expostos sem medo algum das repercussões que poderiam causar. Muitas pessoas se identificaram em cada linha dos seus textos e versos poéticos, afinal, dentro dele sempre existiram milhares de corações e é por isso que ele consegue seguir transbordando-se em palavras e, através delas, alcançando tantas pessoas de diversas idades, lugares, raças e crenças diferentes.

O Davi tem consigo essa "missão", que como sempre diz, é a de levar os sentimentos para as pessoas, independentemente de quais sejam. Ele fez e faz isso de um jeito simples, mas ao mesmo tempo consegue ser intenso e forte, pois acredita que as palavras possuem um dom e um poder sobre a vida de quem as recebe. Acredito que todas essas pessoas que são alcançadas pela sua poesia, conseguem se sentir abraçadas, acolhidas, compreendidas e ajudadas, pois há tanta honestidade em cada escrita que, ao lerem, as pessoas sentem como se estivessem olhando para um espelho. É algo bonito demais!

Ele nunca foi desses escritores que tem como objetivo maior alcançar o glamour e o sucesso, ele apenas anseia por continuar levando a sua escrita pelos quatro cantos do país, e, consequentemente, seguir como hoje em dia, sendo reconhecido e acolhido por seus seguidores, em todas as redes sociais, através da sua página, Inverno em Saturno. A criação da página foi uma das formas que ele encontrou de espalhar todos esses sentimentos, nessas plataformas digitais onde há tantas pessoas a serem alcançadas através da poesia.

Davi Melo é um jovem, cearense, nordestino, simples, apaixonado por música e que traz consigo toda a sensibilidade humana, tendo uma forma mais peculiar de enxergar e sentir a vida, as coisas e as pessoas em sua volta. Possuindo, também, uma visão mais ampla e uma alma mais sensível que as demais, com uma certa facilidade ele consegue transformar todos os sentimentos em palavras alcançando milhares de corações.

Digo que o Davi não é só um escritor, mas também é um homem firme nas suas decisões. É intenso e esforçado no que se propõe a fazer, é corajoso em expor tantas feridas abertas e outras já cicatrizadas. Ele também se permite sentir, adquirindo, assim, tantos machucados, mas também tantas alegrias nesse curto e intenso percurso ao longo desses anos. **Quem se disponibiliza a ler os seus escritos consegue enxergar beleza e propósito em cada dor e em todo o amor que ele transfere através de seus textos e micro poemas, mas, quem tem a ousadia de conhecê-lo, de entrar no seu coração e de abraçar a sua alma generosa e alarmada, com certeza tem a chance de ser envolvido pelos seus anéis de Saturno e pela gravidade de suas palavras, conhecendo, assim, a sua infinita imensidão de um universo reluzente, caótico e poético.**

Com um enorme carinho e admiração, seu amigo,
Andrew Xavier
(instagram.com/escridor).

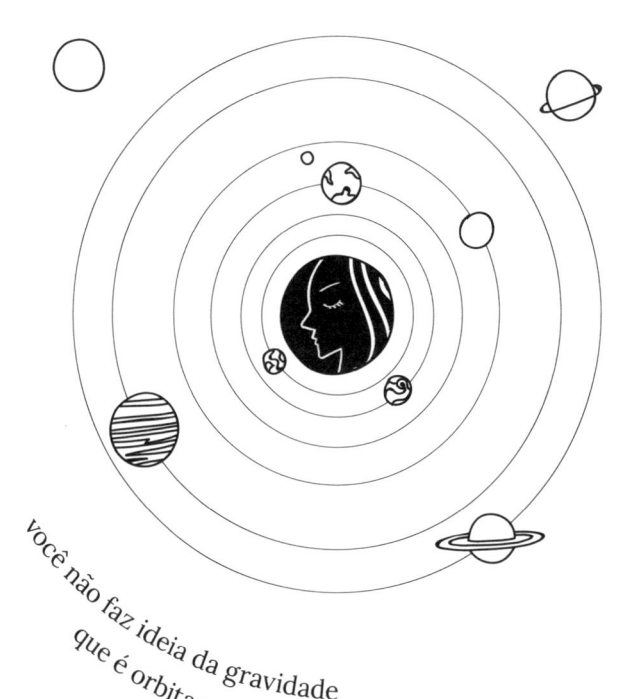

você não faz ideia da gravidade
que é orbitar no teu universo.

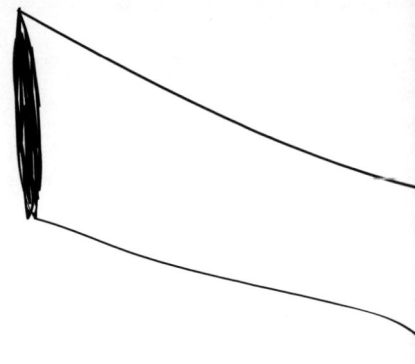

não adianta tentar preencher
o vazio deixado por alguém
com um outro alguém vazio.

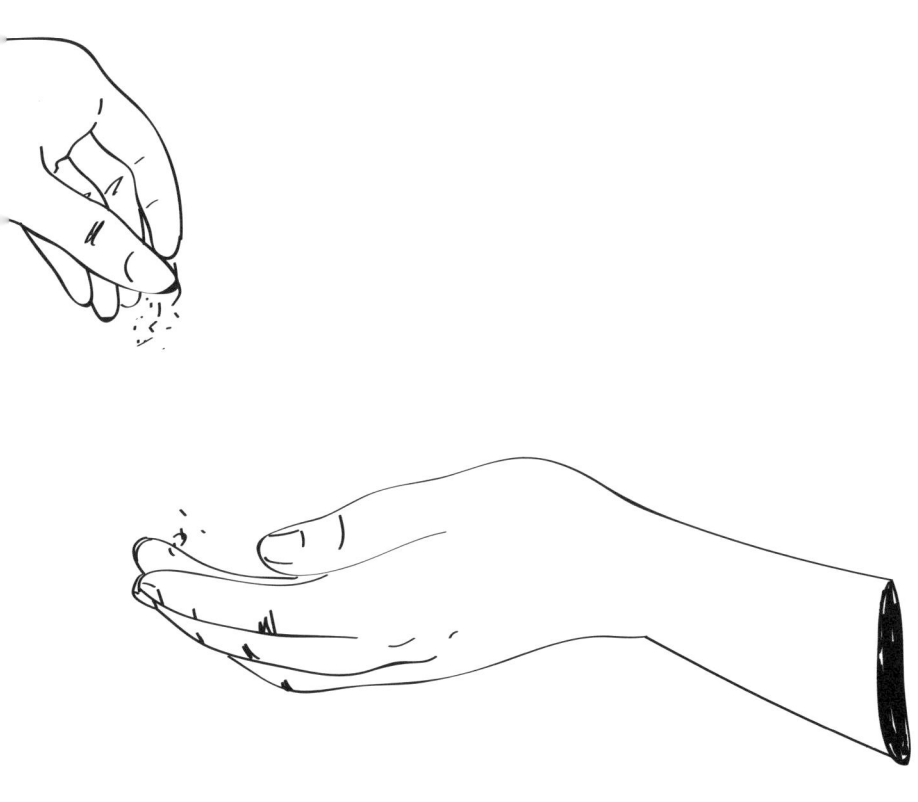

Orbitar em ti

Eu queria orbitar no teu peito. E passar uns anos na vastidão do teu quarto, jogado na tua cama. Eu queria orbitar no teu peito, na segunda, na terça e na quarta.... Em todos os dias da semana. Eu queria orbitar no teu peito enquanto atravesso um oceano com você. Eu queria orbitar no teu peito e te contar dos meus planos e de todas as estrelas que parecem nos perceber. Eu queria sentir a gravidade que é o teu beijo, tirar meus pés do chão e chamar isso de desejo. Eu queria orbitar em você.

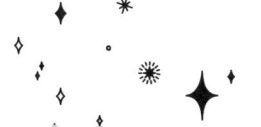

haverá sempre alguém. haverá sempre uma galáxia

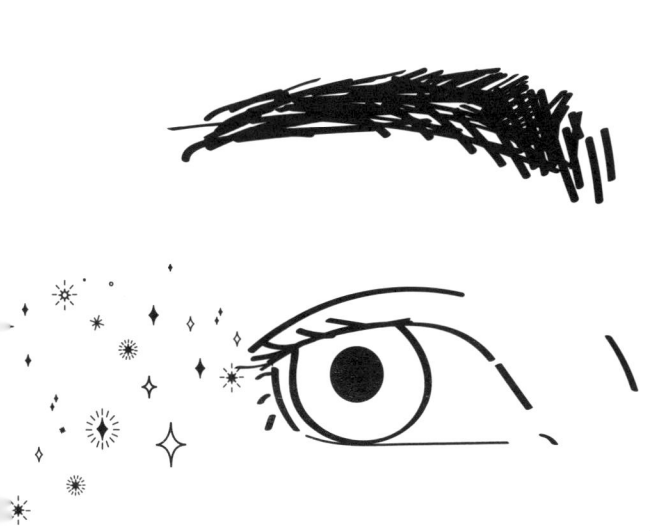

querendo ser descoberta pelos teus olhos e pelo teu toque.
mil universos diante das tuas atitudes.

Esqueça todos os planos e coloque tudo dentro de uma gaveta

Esqueça todos os planos e coloque tudo dentro de uma gaveta. E saiba que com o amor não é assim, você não sabe ao certo que horas que ele chega. Pode ser que ele venha agora, logo após você terminar de ler esse texto e dar aquela procurada em algum aplicativo de relacionamentos. Mas pode ser que ele só venha no próximo mês, no próximo ano, quando nascerem novas flores na primavera ou quando você já tiver passado por todos os livramentos. O amor é desses sentimentos bem teimosos, é como um espião. Antes de aparecer ele observa com cuidado, para só então tomar sua decisão. O amor é birrento, é daqueles que parece sempre atrasado. O amor finge tanto que não é com ele, que até chega a ser chato. Mas de uma coisa tenho certeza, ele nunca é doloroso. Talvez, só talvez, você fica aí se maldizendo, pelo simples fato de achar que o havia encontrado. Mas, sinceramente, espero que você entenda o recado dado: o amor é daqueles que não avisa nem quando é despertado, imagine só se vai estar preocupado se você vive sempre o colocando como culpado.

eu queria ter o poder
de retornar para as tuas
memórias em todas as
noites que você lembra que
prometeu não nos esquecer.

o amor é como um
filme de romance na TV.
há cores.

faz tempo que não
recebo tua chamada.
a chama do teu corpo
não me chama mais.

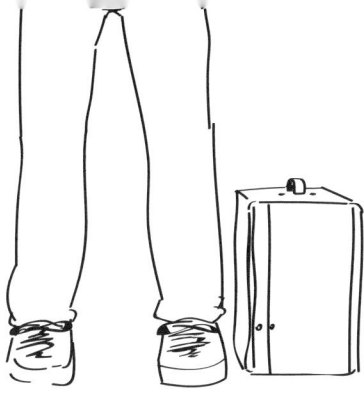

Alguém vai chegar, vai ficar, vai te amar

Ei, não esquenta, nem te preocupa, pois alguém ainda vai chegar e fazer morada nesse teu coração. Alguém ainda vai chegar e vai amar te aquecer nos dias de chuva. Alguém ainda vai chegar chutando a porta das tuas fraquezas, depois vai juntar cada um dos cacos que é o teu caos e vai conseguir enxergar beleza. Alguém vai se importar com teus medos, alguém vai admirar tua delicadeza, alguém vai tirar todas as tuas dúvidas e tentar te passar certezas. Alguém vai te fazer voar quando parecer te faltar o chão, alguém vai te fazer sorrir, alguém vai querer ligar a outra ponta da linha ao teu coração. Alguém vai acordar feliz por saber que do outro lado tem você e vai fazer com que os momentos ruins que você passou não tenham sido em vão. Alguém vai chegar, vai ficar, vai te amar... E, quando você menos esperar, vai estar fazendo morada no teu coração.

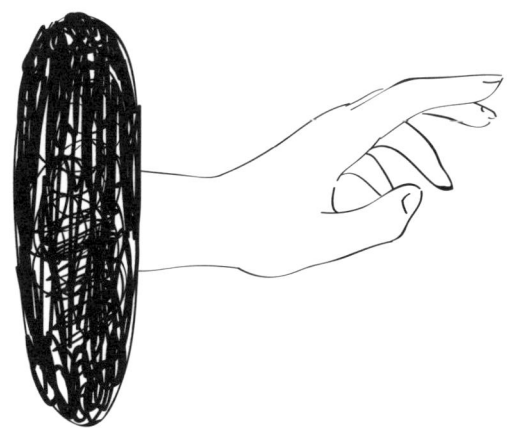

a minha mão longe da
tua mão segue orbitando
o nada na vasta solidão.

Para de reclamar e vê se continua acreditando no amor

Sério, para, para de reclamar. Para de reclamar e deixa alguém chegar. Para de reclamar e vê se continua acreditando no amor. Para de achar que não dará certo por conta do que já passou. Para de reclamar que te magoaram no passado, para de achar que tudo dará errado. Sim, para de achar que tudo dará errado. Para de pensar que ninguém vai chegar, para de achar que só irão te magoar. Ei, sério, você não deve se privar de viver coisas boas, você não deve deixar de conhecer novas pessoas. Você só precisa saber quem vai realmente querer ficar. Sim, eu sei, eu sei que dói, eu sei que a falta de reciprocidade corrói, eu sei que existem pessoas que não se importaram em machucar teu coração, mas, olha, tenta fazer com que isso não tenha sido em vão. Respira, respira forte e vê se para de reclamar, e vê se te prepara para o um novo alguém que há de chegar.

De: mim

Para: mim

como faz para voltar
no tempo em que a gente
só pensava em ter tempo
para a gente?

talvez em outro mundo
a reciprocidade não seja
coisa de outro mundo.

queria ser teu capítulo
favorito e não aquele livro
antigo que por temer o final
tu desistiu de ler.

Vai chegar e vai ficar

Um dia alguém vai chegar e ficar.

É, por mais que pareça que você sempre continuará sem ninguém, um dia vai aparecer alguém que vai fazer questão de segurar na tua mão e ir além. Um dia alguém vai chegar, ficar, e te ouvir falar. É, acredite, um dia alguém vai se importar e quando você menos esperar esse alguém fará você se sentir especial, elogiará todo o seu potencial, e fará do teu domingo um dia feliz, um domingo de carnaval. Um dia alguém vai chegar e querer morar no teu peito, vai querer te namorar, vai fazer com que você volte a acreditar. Esse alguém vai preencher o espaço que não conseguiram preencher, e vai fazer acontecer. É, quando menos esperar, vai parar de doer. Mas, ei, relaxa, você vai perceber. Fica bem e deixa o coração descansar. Um dia alguém vai chegar.

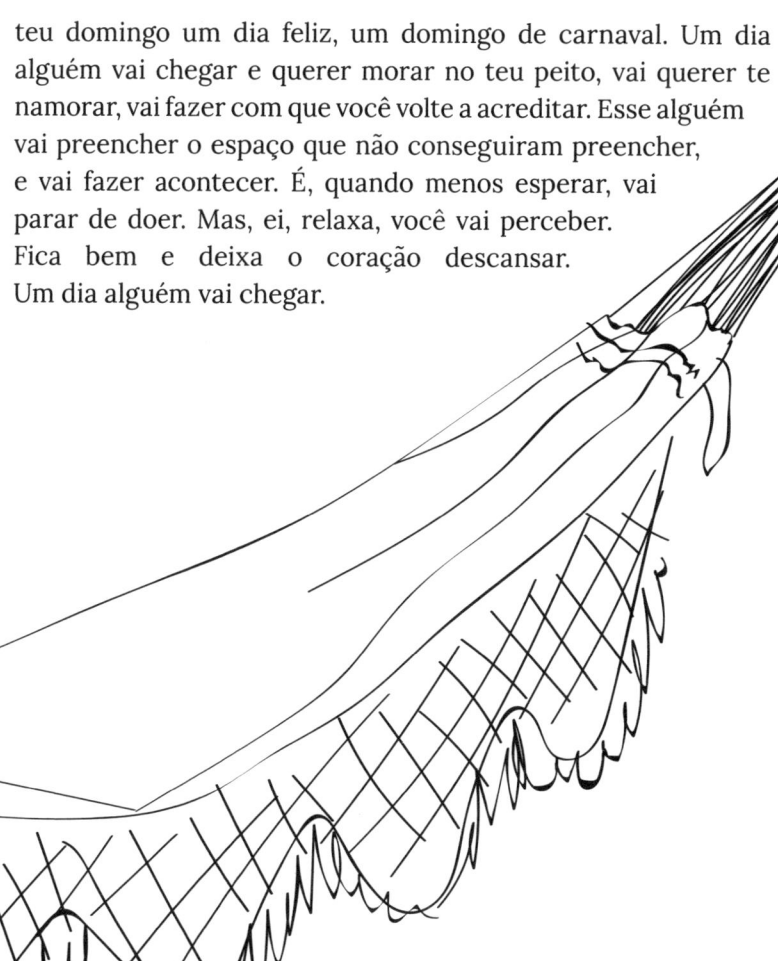

embrulhado no laço do teu abraço é que eu queria me fazer presente

vivo sem compreender.
alguém me explica, por favor.

parece que quanto mais me
aproximo de alguém, mais me
distancio do amor.

Você está do outro lado da cidade, mas parece que está do outro lado do sistema solar

Às vezes, quando me sinto no auge da tristeza dos meus fins de semana sem graça, nesses sábados desgastantes, onde a playlist do meu celular já foi ouvida por três ou mais vezes, gosto de sair e visitar alguns lugares por aí. Segurando e soltando mãos de pessoas que só sei o nome, pois desconheço seus endereços, eu vou. Não por aí, em Júpiter, onde você está, mas eu vou. Já visitei novas pontes, praias, cinemas, calçadas, abraços, cheiros, bebidas e beijos. Sempre tentando te encontrar. Já cheirei rosas, perfumes, fumaças dos carros e dos cigarros, whisky, porta-retratos..., mas você não está mais lá. Você está do outro lado da cidade, mas parece que está do outro lado do sistema solar. Eu já peguei ônibus errado, entrei em becos, olhei para os lados, mas não te vejo mais. Cocei os olhos, apressado, numa aflição e sem anonimato, teu nome vem a soar. Em dias como esses, sinto que nós estamos tão distantes que não importa o tamanho da cidade que moramos, nossos corações jamais nos guiarão para nossos abraços novamente. É como se eu tivesse passeando por algum lugar, desejando ao máximo te encontrar, mas soubesse que não posso pegar um ônibus e ir até a tua casa. Você não estaria em casa. Aquele trecho do Vanguart que diz "e na tua casa beijei tua alma, no apartamento fui teu sentimento...", infelizmente, não faz mais sentido. Eu até cuidei da tua vida com amor e com calma e ainda estou aqui, mas você não está. Que dimensão é essa? Quero chegar de repente na minha nave espacial, mas Júpiter é longe. Tão longe que eu não posso mais tentar.

tu sorrindo por cinco segundos às cinco da tarde de uma quinta-feira já me faz te querer por cinco vidas inteiras.

e eu já não sei se o amor
é algo que chega e fica.
tem sempre alguém indo
embora de mim.

a transa mais gostosa que
eu já vi foi a do teu sorriso
fodendo com o meu juízo.

Nas esquinas do meu coração

Eu sempre te vejo pelas esquinas do meu coração.

E não, infelizmente eu não posso mais ir na tua direção. Infelizmente você decidiu caminhar na contramão, pegar o trem e ir para outra estação, e eu sinto muito a tua falta. Eu sinto falta de poder caminhar sabendo que você estaria me esperando lá. Eu sinto falta de atravessar a cidade inteira só para te dar um abraço apertado, só para dizer que amava estar ao seu lado. Eu sinto tanto a tua falta que a vontade que tenho é de ir correndo até a tua rua segurando um cartaz dizendo que "EU SINTO MUITO A TUA FALTA!".

Mas não, eu não posso mais. Eu não devo mais. Foi você quem partiu, foi você quem decidiu não ficar. Foi você que não soube mais caminhar, e é você que não sabe mais onde está. Mas eu não, eu só posso assistir tua partida torcendo para que um dia você possa se encontrar. Eu só posso tentar curar essas feridas e seguir sem pensar que um dia você voltará. Eu vou tentar seguir em frente, mesmo que já não seja mais segurando a tua mão, mesmo te vendo pelas esquinas do meu coração.

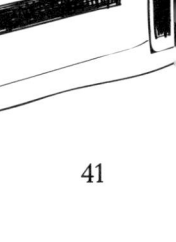

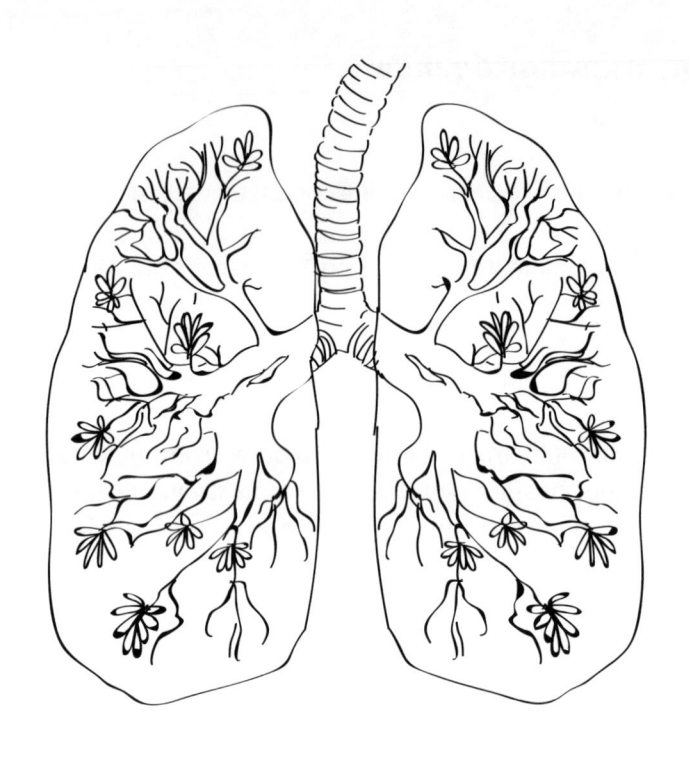

respira
que o amor
ar de ser.

amar é mergulhar sem colete
é salvar vidas
é comer um banquete
é jogar para o alto um buquê de flores
é saber que não há perdedores.

é estourar um balão de ar
é correr, correr e não cansar
é tirar alguém para dançar
é rir de felicidade e depois
chorar... de felicidade.

A *minha intensidade*

Talvez a minha intensidade tenha te afastado de mim.

Desculpa se eu deposito tudo de uma vez, mas é que eu nunca fui dessas pessoas que gostam de parcelar os sentimentos. Eu nunca fui de medir a paixão e o amor, mesmo que isso, futuramente, me cause alguma dor. Eu sou assim, quando vai ver, já foi, e lá estou eu entregando meu coração. Eu gosto de me declarar, gosto de demonstrar, gosto de me entregar sem medo de errar. Acabo me entregando de uma vez, descarregando toda a minha paixão de uma vez, e isso assusta, eu sei. E por isso talvez a minha intensidade tenha feito alguém se afastar, mais uma vez. Mas, olha, eu não vou mudar, eu não consigo mudar, eu vou continuar aqui acreditando que um dia alguém vai conseguir suportar todo esse fervor. Eu vou continuar aqui com essa intensidade, com a convicção de que o amor de verdade é aquele que arde e que faz com que as pessoas se entreguem até tarde. Eu não vou entrar nessa brincadeira de gostar, nesse jogo de quem não consegue acreditar. Eu não vou fazer parte desse grupo de pessoas que medem esforços quando o assunto é se entregar. Eu vou continuar com meu coração aberto, vou querer sempre que a pessoa esteja por perto, vou seguir tentando fazer com que dê certo. Eu vou beijar com vontade, vou namorar num fim de tarde, vou fazer de tudo para que não chegue ao fim, mesmo com a minha intensidade sempre afastando alguém de mim.

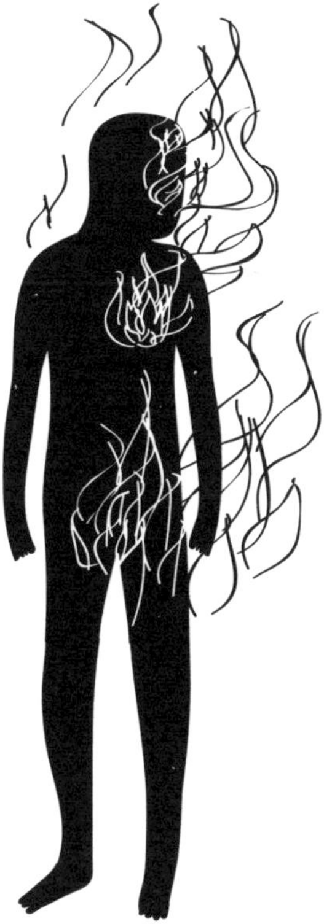

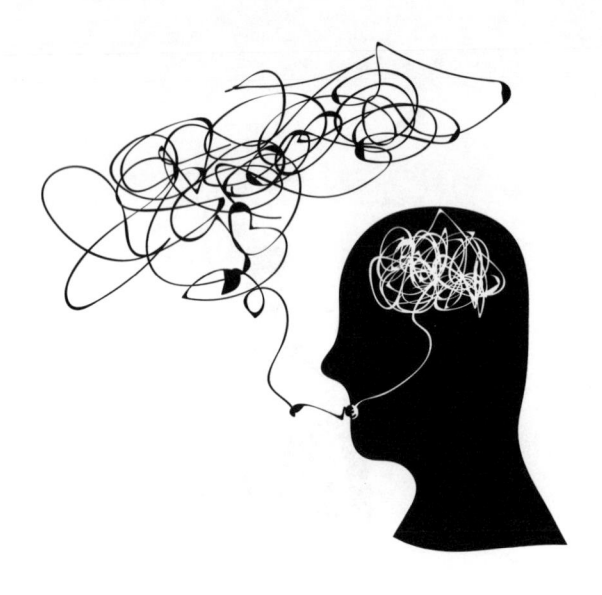

você disse que me apoiaria nas
minhas decisões e que o mundo
era melhor por ser inteiramente meu.
mas quando decidi o que era melhor
para mim e resolvi partir, você teve a
oportunidade de mostrar quem realmente
era: um alguém repleto de falácias.

arrisquei tudo o que havia
no presente para depois ser
riscado e virar passado.

hoje o relógio me sorriu.
descaradamente, me sorriu.
friamente, calculadamente,
me sorriu.

vendo-me desesperado,
roendo cada uma das unhas
após horas e horas acordado
com o tempo que não passa
e eu não te esqueço.

Pensei em te ligar

Hoje eu pensei em te ligar.

Relaxa que, não, não tem nada a ver com discar alguns números e te ouvir falar. É além disso. É algo maior, que ainda não consigo explicar. É a vontade de te ligar. Sim, te ligar. Te ligar hoje, amanhã, e esperar que o amor se encarregue de nos carregar. Te ligar agora e mandar a saudade embora. Te ligar e demorar algumas horas. Te ligar e poder saber como você está. Te ligar e sentir aquela sensação boa que só você é capaz de me proporcionar. Hoje eu pensei em nós, pensei no timbre da tua voz e pensei também em te ligar. Te ligar, eu quero te ligar, aqui, no meu peito.

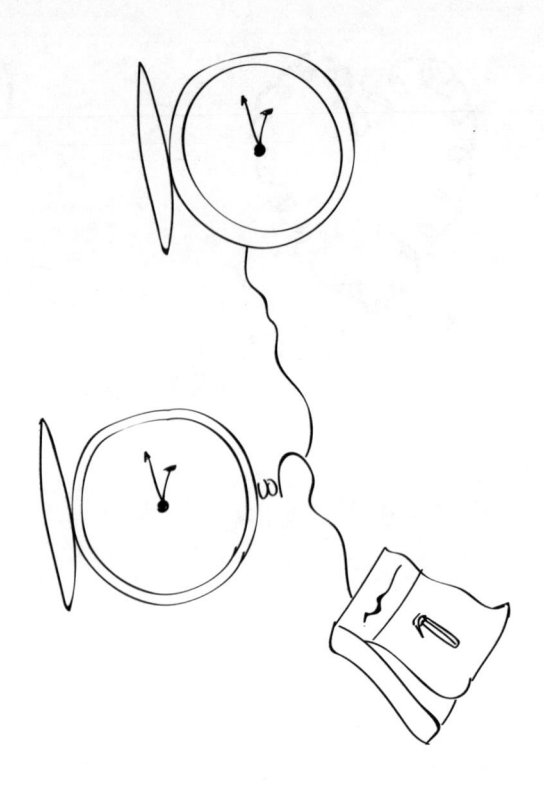

um poema por minuto
uma saudade por hora
um domingo de cada vez
uma lembrança de outrora.

Talvez o amor os reinvente

E então eles já não se olham mais, nem se tocam, nem se falam. As línguas já não se conhecem. Os abraços já não aquecem. As vozes parecem distantes. Eles também, eles também se encontram distantes. E então parece que realmente vai chegando ao fim. Ele sem procurá-la, e ela sem saber lidar. Ela chorando pelos quatro cantos, ele parecendo não se importar. Ela procurando-o através de mensagens e esperando as que ele parece não querer enviar. Ele agindo feito um idiota, mesmo sabendo que isso também irá magoá-lo. Mesmo sem os dois conseguirem suportar. Mesmo tendo tudo em mãos para fazer dar certo, para fazer acontecer, parece que vai chegando ao fim, como este luar, como o fim deste anoitecer. O amanhã? Ninguém sabe. Talvez eles se encontrem novamente e as bocas não mais se calem, talvez os lábios ainda se encontrem ferventes, talvez eles até reatem.... Talvez o amor seja presente, talvez o amor seja o presente, talvez o amor os reinvente.

então mate-me
a saudade dos beijos
que ainda não demos
mas que já me deixam
morrendo de saudade.

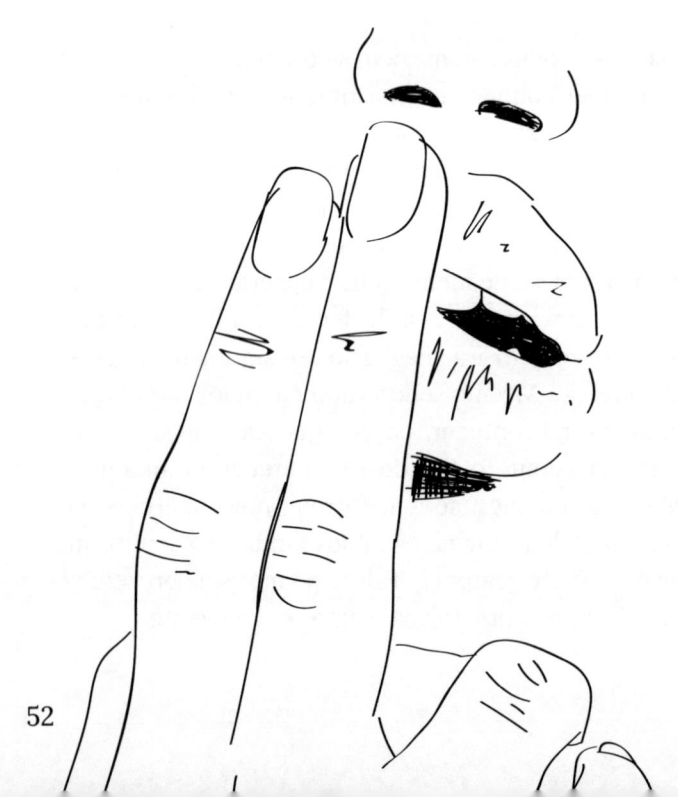

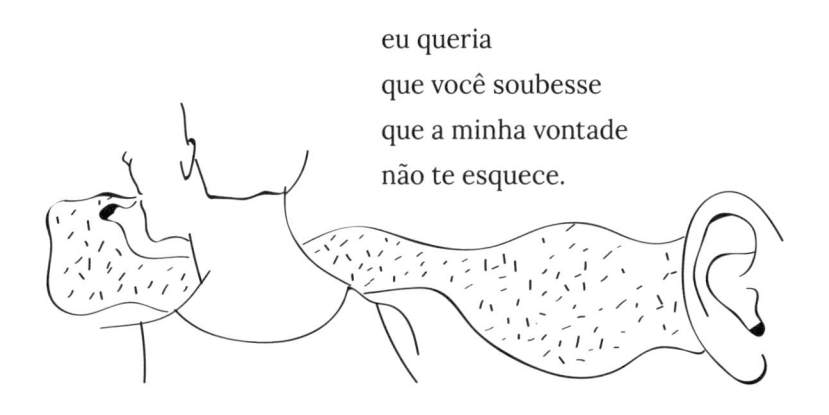

se a vontade
entrar pela porta
se atire do décimo
amar pela janela.

eu queria
que você soubesse
que a minha vontade
não te esquece.

Seguir sem ninguém

É, depois de tanto me magoar, depois de tanto me entregar e não ser recíproco, talvez eu queira mesmo seguir sem ninguém. Talvez eu esteja realmente precisando seguir sem ninguém. Talvez eu esteja precisando tirar um tempo só para mim, e fazer coisas que eu gosto. Sem essa de me entregar, sem essa de me magoar. Talvez eu precise colocar as prioridades no lugar. Acho que esse é o momento certo. A turbulência passou, o amor que disse que ia ficar, não ficou.... Meu chão até desabou, mas até que eu estou bem. É, eu estou tentando ficar bem. E talvez eu queira mesmo seguir sem ninguém. Mas talvez lá na frente também apareça alguém que queira seguir ao meu lado. Alguém que realmente queira amar e ser amado. Alguém que esteja pronto para ser eternizado. Eu vou deixar a vida fluir, vou seguir cuidando de mim, até que eu esteja realmente bem. Vou procurar novas músicas, vou visitar lugares que ainda não visitei ou até resgatar de volta aquelas pessoas das quais me afastei. Sei lá, vou deixar que o universo se encarregue de me levar além. É, talvez eu queira mesmo seguir sem alguém.

55

eu fui embora de você
na tentativa de voltar
a ter aquilo que você havia
mandado embora de mim.

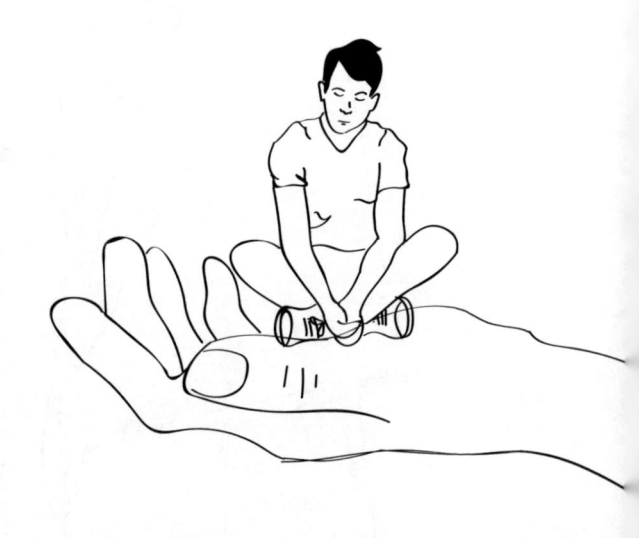

e o que mais dói é viver
com a certeza que nós
tivemos tudo para tanto
e tanto para nada.

Não deixe de acreditar

Ei, não deixa de acreditar. Eu sei que às vezes parece que a vida não vai se encarregar de nos trazer aquele alguém. Mas, sério, não deixa de acreditar. Acredite, eu sei como é ruim não ter um abraço para se demorar ou aquele alguém em que se possa confiar. Eu sei que parece que o mundo está contra nós e que, mesmo que o tempo passe, esse alguém não há de chegar. Mas sério, por favor, por amor, não deixa de acreditar. Não deixa de acreditar que um dia você acordará sorrindo só por ter alguém em quem se possa demorar. Não deixa de acreditar que existe alguém por aí que está morrendo de vontade de te encontrar e não vê a hora de te namorar numa conversa pelo celular. Não deixa de acreditar nos passeios de mãos dadas e na vontade de eternizar. Não deixa de acreditar nas tardes vendo filmes ou nas noites observando o luar. Não deixa de acreditar. Ei, para um pouco e tenta imaginar. Sério, fecha os olhos e abre o coração. Te garanto que nada disso será em vão. Acredite, um dia tudo que estás vivendo se transformará em amor. E que bom que você acreditou.

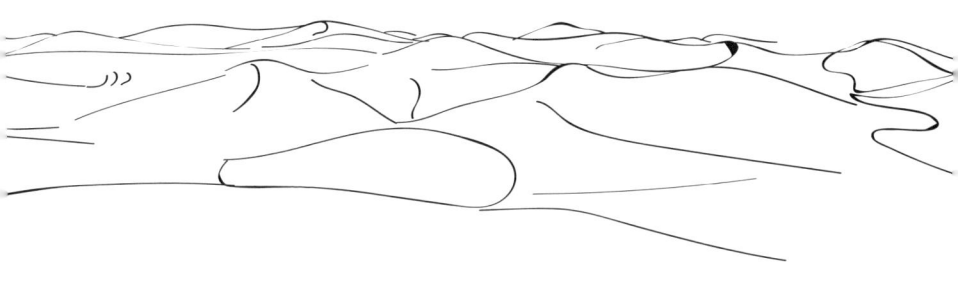

um dia a saudade há
de ser um grão de areia,
mas enquanto esse dia não
chega, deserto num poema.

enquanto todos dormem
eu sigo gritando a droga
do teu nome por longas madrugadas.

com a maldita certeza de que não me ouvirá.

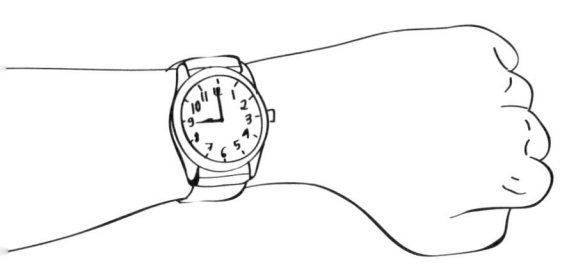

Estou te esperando chegar

Estou te esperando chegar para compartilhar minhas músicas favoritas, as playlists que insisto em criar, alguns fins de semana no campo, quem sabe.... Ou vários domingos em frente ao mar, os filmes que já vi e penso em rever, os livros que tenho preguiça de ler, estou te esperando chegar para poder confirmar que é você. Estou te esperando chegar para planejarmos um passeio na Av. Paulista ou um almoço com frutos do mar, tomar sorvete no shopping também está na lista, então, nem pense em se atrasar. Estou te esperando chegar para compartilhar as minhas conquistas, essas pequenas vitórias que fazem o coração da gente pulsar, estou te esperando chegar para que possamos celebrar.

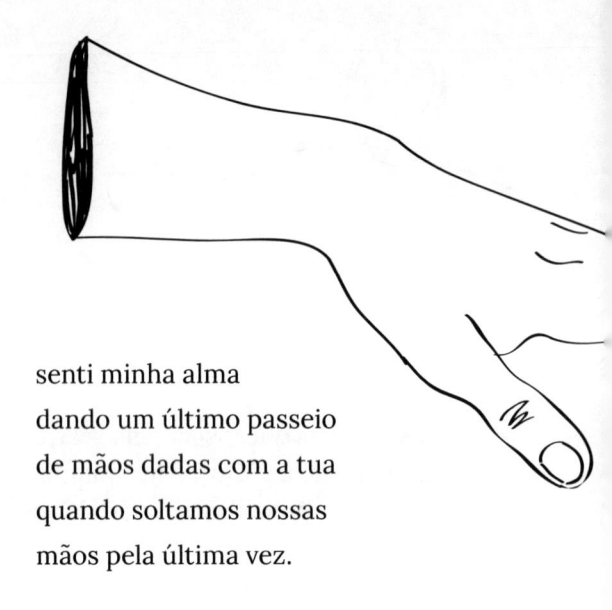

senti minha alma
dando um último passeio
de mãos dadas com a tua
quando soltamos nossas
mãos pela última vez.

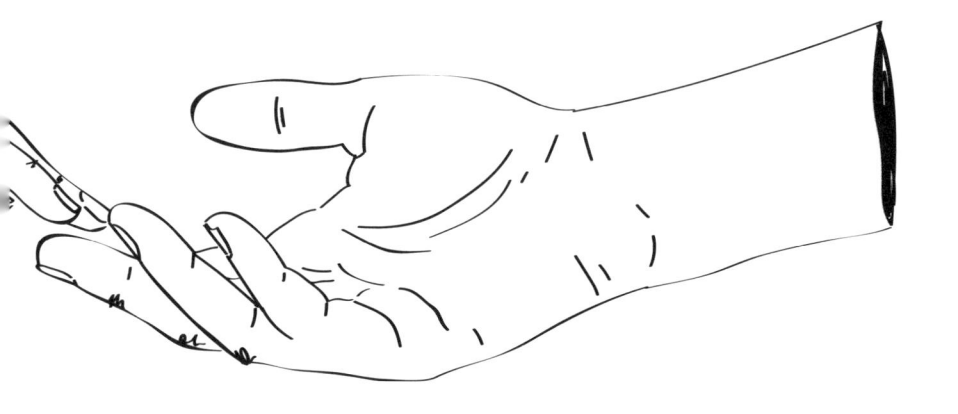

amo escrever versos pela manhã
como amo quando o sol bate nos teus
olhos e eles refletem uma nova luz
originada a partir da simples certeza
de que você está aqui.

Meu coração é forte

Meu coração é forte, pode vir. Vem sem medo, vem sem medo de entrar ou colidir. Entra aqui, descansa e fica até o dia clarear. Meu coração é forte, já suportou muito, pode ter certeza que ele também te abrigará. Meu coração é forte, é resistente, feito de ferro e amor e reconstruído após alguns obstáculos do passado. Meu coração é forte, já suportou muita dor, já bateu forte, mas por você pode bater cada vez mais acelerado.

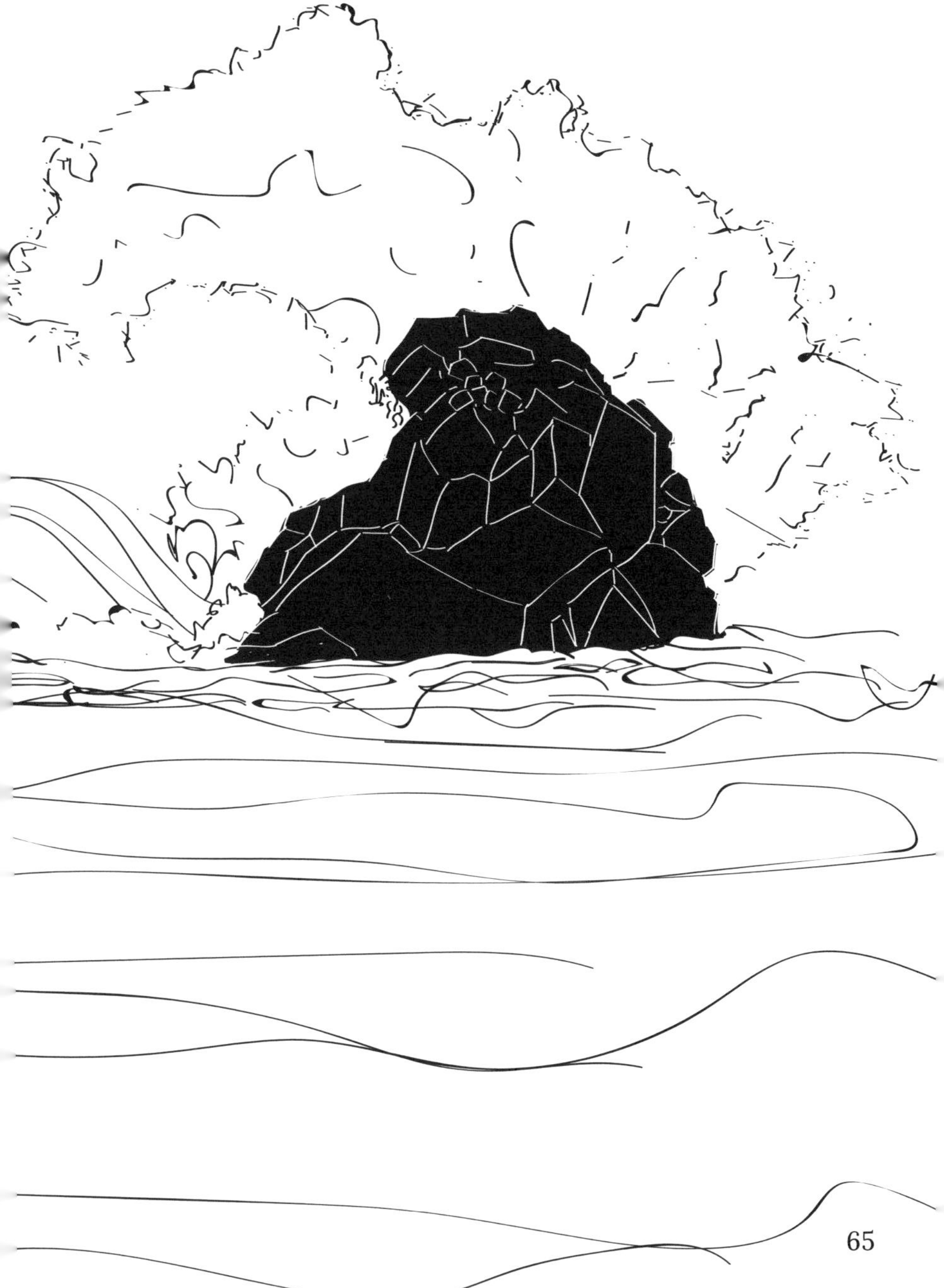

a única certeza que tenho
é que eu quero é distância
dessas tuas incertezas.

toda vez que me
esforço para te escrever
te vejo esforçando-se
para não me ler.
e dói.

o celular vibrou e não foi
com uma mensagem tua.
só então pude entender
de vez a tua mensagem.

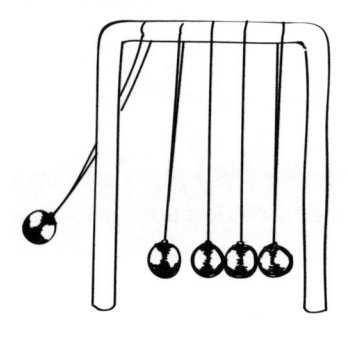

coloque reciprocidade em tudo,
inclusive naquilo que fizeram
questão que não desse em nada.

Vou ter saudades de você

Eu confesso que vou ter saudades de você. Eu vou ter saudades tuas. Olha, não faz cinco minutos que desligamos nossa última chamada tão duradoura e meu peito já se encontra apertado. Sei lá, eu só queria te dizer que vou ter saudades. Quando? Eu não sei. Às vezes me parece um sonho, isso de estarmos caminhando lado a lado. As ligações, as declarações, as marcações em posts no Facebook que estão longe de serem interessantes, aquele pequeno porta-retrato dentro do seu guarda-roupas com uma foto da primeira vez que nos vimos.... Eu estou sonhando, não sei. Por isso já te adianto que saudade é o que mais sentirei de ti e de nós. Eu não queria, mas a gente precisa viver o amanhã e saber o que está lá, dentro do cubo mágico. Eu juro que não queria pensar nisso, mas, talvez, amanhã seja um dia totalmente diferente desses nossos instantes ao telefone. E o desespero parece se aproximar, caminhando a passos largos. Qual a certeza que temos? Vai que o seu porta-retrato cai e quebra, teus créditos acabam, você fica sem internet.... Eu sei lá, mas se você sentar aqui ao meu lado e nós começarmos a brincar de certezas, acabaremos descobrindo que a única que temos é a da saudade. Sempre falam que a única certeza da vida é a que morreremos. Tudo bem, que seja. Eu sei que, a minha, em relação a ti, é a da saudade. E agora você sabe disso. É tão claro como esses teus olhos. Desculpa pelo pessimismo de linhas passadas, eu não sei lidar com o fato de ter. Me perco, penso coisas negativas, penso que vivemos, também, para sentirmos muita saudade, mas que bom que hoje sinto você.

Eu quero te amar quando o fim da noite chegar

Eu quero te amar em meio a essa selva de pedra cinza e apressada, em meio aos muros com poesias sinalizadas, bem longe das pessoas que passam sem dizer nada, eu quero te amar quando o semáforo parar de funcionar. Eu quero te amar quando o fim da noite chegar beijando a madrugada, quando a fumaça dos automóveis e dos cigarros pairarem no ar, quando um fusca azul, assim como o meu coração, acelerar. Eu quero te amar atravessando o caos que se constrói nas noites mais badaladas, em algum cruzamento de alguma dessas avenidas congestionadas, segurando tua mão, distante de tudo, sem precisar de mais nada.... Eu quero te amar quando essa metrópole se desgastar. E quando o sino avisar que os muros podem desabar, quando restar somente nós dois para protestar, quando a cidade quiser nos engolir, eu quero estar aqui, espalhando que o amor ainda há de colidir.

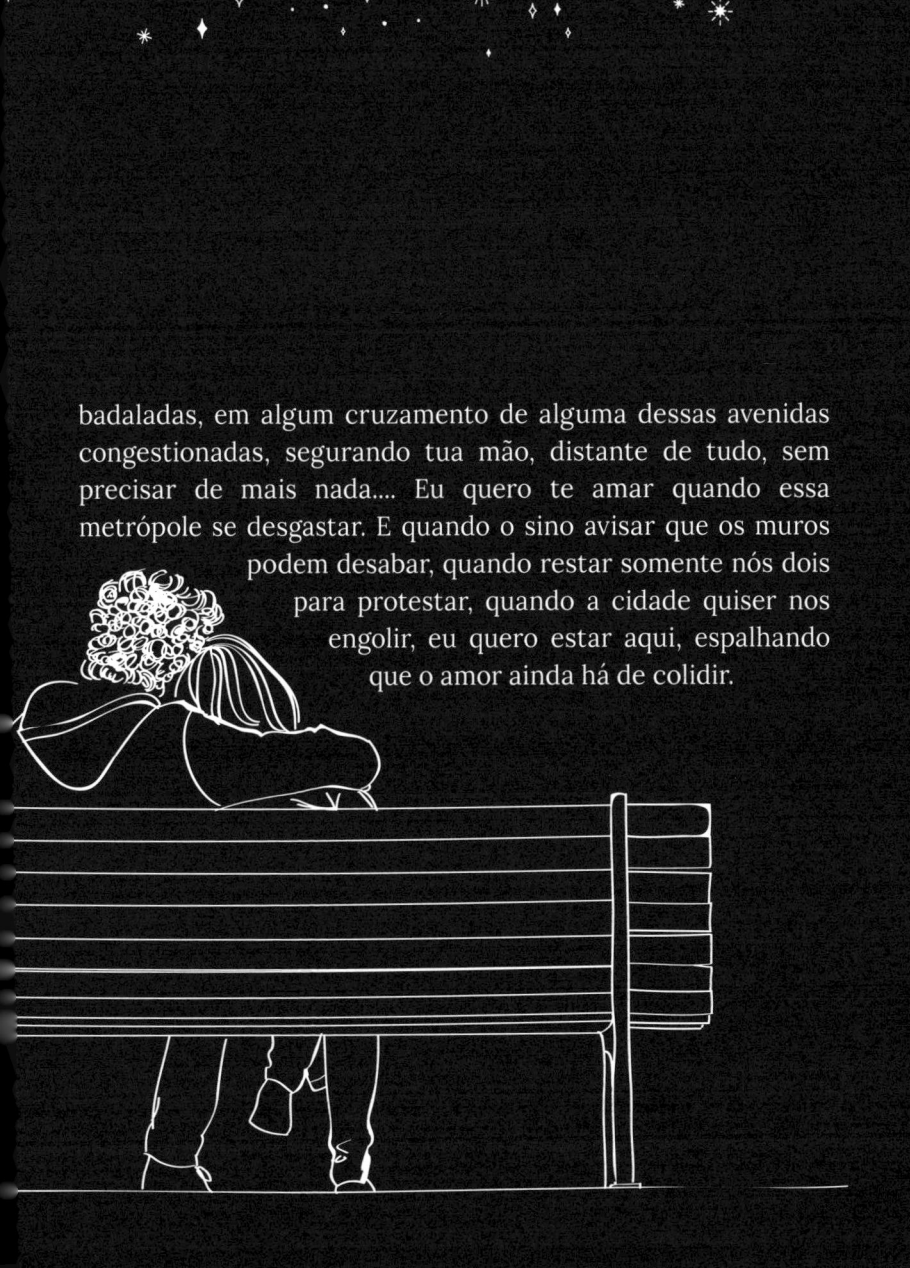

só caminhe ao lado
de quem coloca o
amor na frente.

Amor não é escolha, é condição

O amor não é uma escolha, é uma condição.

É como uma avalanche, descendo a montanha grande e rochosa do coração. Devastando tudo de ruim, devorando em pedaços a solidão. O amor não é uma escolha, é uma condição. Por mais que em alguns momentos pareça como um avião com pane no sistema, aparentemente sem solução. É o desespero na hora do adeus, o frio na barriga e o suor das mãos. O amor é como um espetáculo assistido e aplaudido, aclamado, criticado e sem prazo de duração. Não é uma escolha, não. Não é igual a você entrar numa loja de roupas e preferir o cinza ao verde. O amor, não. O amor é colorido, é aquarela na parede. O amor não é uma escolha, é uma condição. É como a lua cheia nas noites de sábado, é fartura na mesa e comida no prato. É barraca estendida no meio do mato. É sorriso para todos os lados. É fogo de artifício, é gol em final de campeonato. É torcida gritando no alambrado. O amor não é uma escolha, é uma condição. O amor não nasceu para ficar no anonimato.

você era meu universo
mas pediu-me um espaço.

Não deixe

Não deixe que ele tire o brilho dos teus olhos, e muito menos o doce da tua boca. Não deixe que ele tire a tua sanidade, nem diminua a tua intensidade, não deixe que ele te acuse e te chame de louca. Não deixe ele que mate as borboletas do seu estômago, não deixe que te faça acreditar que o sentimento é em vão. Não deixe que ele, ao tentar partir, te perpetue numa prisão. Não deixe, não.

Deixo ir

Eu sou daquele tipo de pessoa que deixa ir, sabe? Que já não pede para ficar. Eu sou do tipo de pessoa que, de tão desgastada, acaba aceitando as despedidas. Que já sabe quando se aproximam as partidas. Eu meio que vou aceitando o que a vida decide, seguindo pelo caminho que ela me leva, sem ter força alguma para interferir. Eu sou daquele tipo de pessoa que prefere se prevenir, pois existe, sim, o medo de me ferir. Eu sou do tipo de pessoa que, de tanta entrega no passado, guarda bem guardado o que há de mais sagrado. Eu sou do tipo de pessoa que já não acredita que nasceu para ser amado. O tipo certo com medos errados. O tipo certo com sentimentos resguardados. O tipo de pessoa que segue um longo caminhar, desgastada, sem saber aonde irá chegar.... Sem saber em que coração irá morar.

é perdido no teu beijo
que eu faço o pedido para
que o amor nos encontre.

O universo gira feito um carrossel

Hoje eu acabei tendo que arrumar meu guarda-roupas. Adiei muito, pois sabia que havia muito de ti lá dentro, em meio a uma coisa ou outra. Haviam as fotos guardadas dentro dos livros que lemos juntos, aquela camiseta do meu seriado favorito que você me deu ou até mesmo meu frasco de perfume pela metade. Aquele que eu sempre usava quando ia te encontrar, fosse no shopping, fosse para ir te ver na entrada da faculdade. Eu passei o dia inteiro tendo que lidar. Mas até que me saí bem, separando as roupas brancas das outras e organizando os meus livros por ordem de aquisição. Só esqueci mesmo, de organizar o coração. Está complicado agir como se nada tivesse acontecido, principalmente nesses dias em que a vontade instiga e a saudade rasga. Parece que o universo gira feito um carrossel, e numa câmera lenta me vejo em rodopios, pensando em ti, e em como você conseguiu arrumar sua vida. Você arrumou tudo, só esqueceu de me arrumar um espaço para que eu pudesse continuar. Estranho imaginar que até meses atrás eu fazia parte daquela sua linda bagunça que parecia não ter fim. Lembro-me das incontáveis vezes que invadia seu quarto e te fazia sorrir, te fazia chorar de rir. Das vezes que as pessoas mais próximas diziam que nós formávamos um lindo casal. Elas não faziam ideia de que estávamos além. Imaginávamos lindos infinitos, dentro dos nossos guarda-roupas. Aquelas tardes, fossem de chuva ou de sol, eram as nossas tardes. O acúmulo de roupas na cadeira de madeira, a xícara de café, as mil palavras de carinho que saíam entre nossos beijos, sujando tudo de amor.... É, foi só a saudade que ficou. Hoje fui eu quem precisei organizar tudo por aqui. Não foi fácil. Eu não sei se consegui. Eu não sei se consegui.

vivo
morrendo
de vontade
de me enterrar
nos teus beijos.

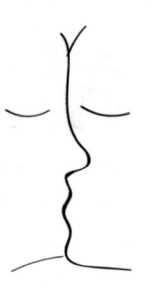

apaguei a luz
do quarto e pensei

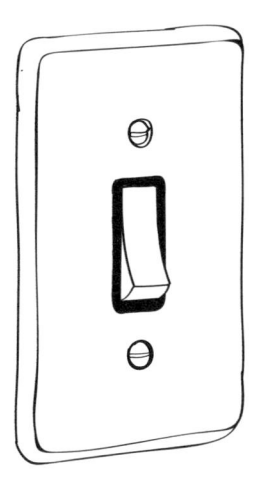

e a memória
tem como apagar?

Saudade de quando visitávamos as galáxias

Talvez você não saiba, mas o universo tem me deixado cada vez mais triste. Talvez você nem perceba, mas me falta o brilho nos olhos quando não posso mais apreciar o brilho dos teus. Dá saudade de quando visitávamos as galáxias, olhando pela sacada da tua casa. Seja manhã, tarde ou noite, o universo tem me deixado triste. Hoje eu enxergo com mais frequência a maldade nos olhos das pessoas. E isso me mata um pouco, dia após dia. Me dá medo. Me deixa em casa por dezenas de horas. Isso me deixa com mais e mais saudade de ti. Saudade da tua sinceridade nas palavras, das luzes que saíam da tua boca, de quando você segurava minha mão e eu me sentia a pessoa mais segura do planeta, de quando me abraçava, enquanto o mundo parecia repleto de pessoas loucas. Lembro de quando eu não precisava socializar com os amigos da faculdade, do trabalho ou até mesmo dentro de casa. Lembro-me de quando eu buscava repousar o meu cansaço em ti. Saudade de quando você me enviava mensagens no Whatsapp e me marcava em todos os posts de gatinhos felizes em todas as redes sociais possíveis só para me ver sorrir. Era a prova maior de que o universo me deixava feliz, pois você era o meu universo e não havia nada por um triz. É saudade, que diz.

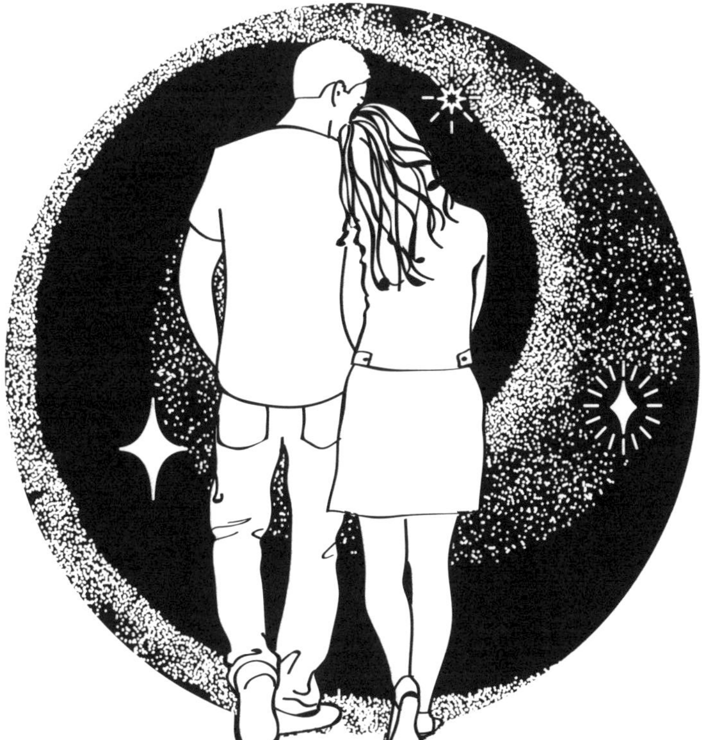

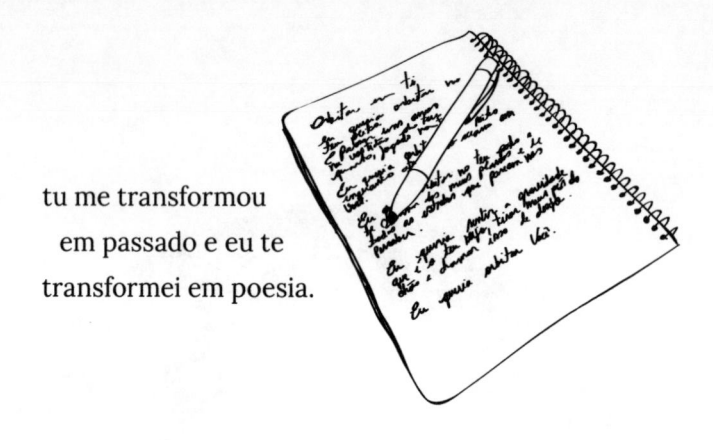

tu me transformou
em passado e eu te
transformei em poesia.

se é tão difícil
deixar alguém chegar
por que seria tão fácil
aceitar alguém partir?

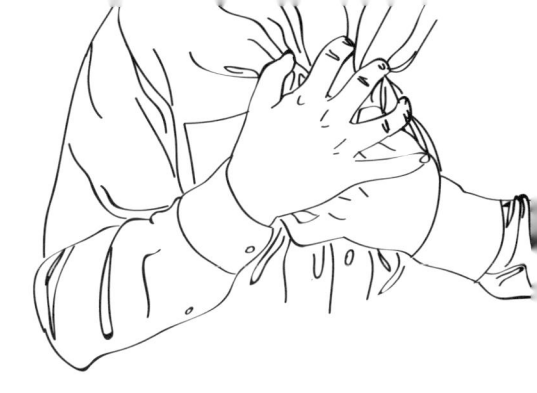

Medo de se entregar novamente

Dá medo de se entregar novamente, né? É, eu sei, eu sei que dá. Dá medo de conhecer alguém e permitir que, outra vez, essa outra pessoa faça do teu peito um novo lar para morar. Dá medo de abrir a janela da alma, a porta do coração e deixarem bagunçar, já que houve desgastes e um certo tempo até que tudo estivesse novamente no seu devido lugar. É, eu sei como é. Eu sei que dá medo de ter gostos compatíveis com a outra pessoa, dá medo de gostarem das mesmas músicas, dos mesmos filmes, eu sei que dá medo de combinar uma saída e voltar para casa sorrindo à toa.... Eu sei. Eu sei que não é fácil assim, aceitar que existem outras pessoas boas, eu sei. Mas, eu também sei que você precisa olhar para frente e tentar encarar tudo isso numa boa. Eu sei que você precisa colocar na mente que essa nova pessoa não tem culpa alguma se a outra foi uma tola. Eu sei que você deve aproveitar para cultivar os bons momentos, que deve permitir que esse outro alguém te ajude a se livrar de todos os tormentos, eu sei que você deve dançar novas músicas, seguindo o fluxo, bailando enquanto alguém segura tuas mãos e faz todo o movimento, longe, bem longe de todo aquele pavor. E que esse possível amor chegue abraçado a ti após o baile, e deite em cada espaço teu, por favor.

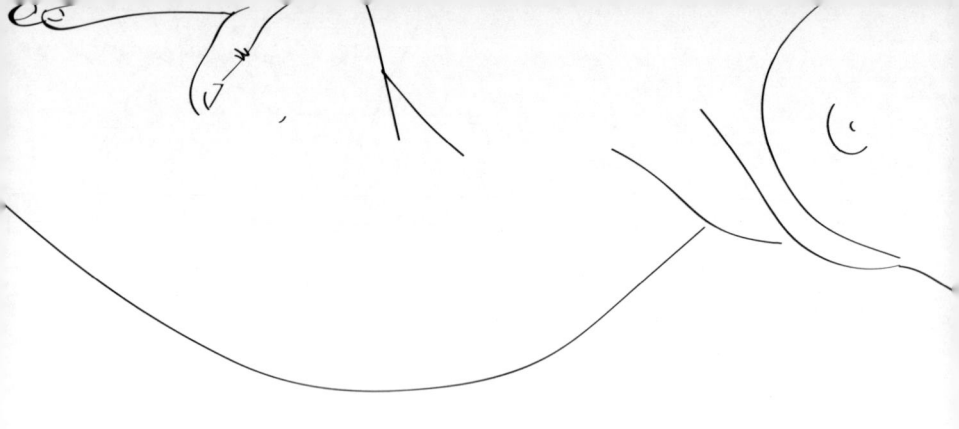

As curvas do amor

Amei cada uma daquelas curvas, desde as curvas dos teus braços, da tua barriga, até as de quando te via na cama, ouvindo uma daquelas tuas canções favoritas. Amei cada uma das tuas curvas, todas e cada uma. Assim como amei todas as vezes que o ônibus passou por todas aquelas curvas, aquelas, que ficam ruas antes da tua casa, lá onde, também, o vento faz a curva. Amei, amei mesmo, pois não tinha como amar. Eram curvas leves, gostosas, fáceis de contornar. Eram naquelas curvas onde, nos fins de semana, me curvava para descansar. Eram nas curvas dos bancos das praças que eu fechava os olhos e então me entregava daquele jeito, repleto de graça. Achando graça nas curvas que as línguas davam. Achando graça na graça.

mudei a estação em mim
na tentativa de ver a luz entrar.

é para que cresçam novos jardins
e assim novos amores possam aflorar.

Meus dedos entrelaçados aos teus

Eu quero que meus dedos continuem entrelaçados aos teus, quero mais do teu corpo no meu, eu quero que meus olhos beijem cada vez mais essa tua boca. Eu quero que nós transformemos isso que temos em algum caso que ainda não possui nome, quero um neologismo, pois acredito que somente isso para definir essa nossa vastidão de pequenas coisas. Eu quero que você continue sendo a minha yoga mesmo sem eu praticar yoga, quero que seja minha quinta-feira, minha fiel companhia em frente ao mar. Quero que continue melhorando o meu humor e despertando em mim essas vontades, de ficar, de demorar e de amar. Também quero te encontrar em algum parque no fim de semana, sabe? Num fim de tarde qualquer. Quero aventurar-me ao cantar a tua música favorita que, às vezes, eu até esqueço de quem é. Eu quero chegar em casa e encontrar uma mensagem sua dizendo que vem me ver, que está com saudade e não aguenta mais esperar para estar ao meu lado. Eu quero que nosso clarão no escuro continue explodindo para todos os lados. Quero a nossa chama acesa na segunda, na terça, na quinta, no sábado, na cozinha, na mesa, no banheiro, no quarto. Eu quero, sabe... Trezentos e sessenta e nove vidas ao seu lado.

eu sou assim com essa mistura de sentimentos com tamanha intensidade que ou aproxima de vez ou afasta para sempre.

eu sou assim sou essa mistura de sentimentos, com um coração que bate acelerado por amores inconsequentes.

juro que se a vida me desse
uma nova chance para tentar acertar,
eu erraria o caminho novamente só
para tentar te encontrar.

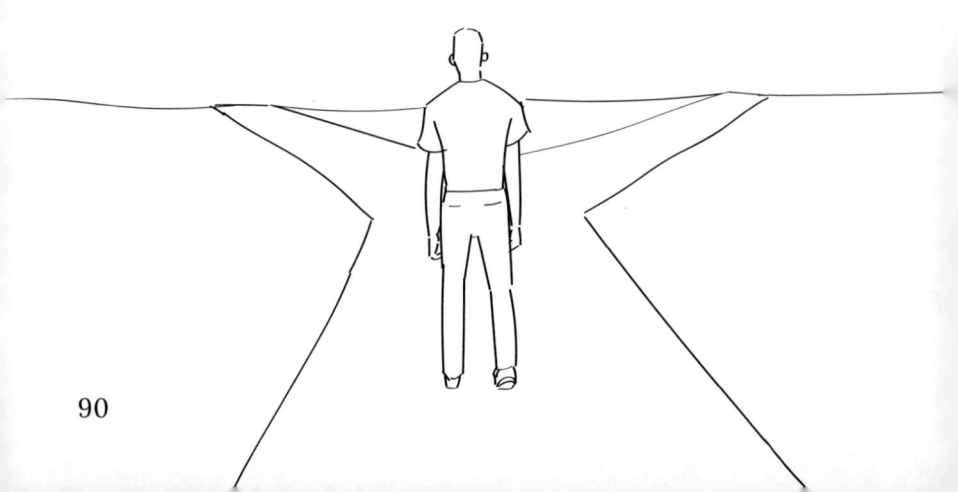

É assim que o amor nos mostra o quanto a vida é bela

Quero que saibas que tenho separado, dia após dia, um pouco de espaço no meu peito, cativando-o cada vez mais, em meio a essa bagunça que, depois de tantos meses, parece, enfim, chegar ao fim. Tenho feito isso para que você possa chegar e descansar, para que possas me encontrar e morar aqui, na minha cama bagunçada, nas minhas horas sem fazer nada, na minha companhia desajustada, tenho separado esse espaço para que possas aconchegar-se em mim. Quero que saibas que tenho me livrado também dos pensamentos ruins, de diversas velhas canções, das cartas que já não abro mais e de algumas decepções. Quero que saibas que, quando chegares, encontrará todas as paredes do meu coração pintadas nas cores da aquarela, pois é assim, é assim que o amor faz, é assim que ele nos mostra o quanto a vida é bela.

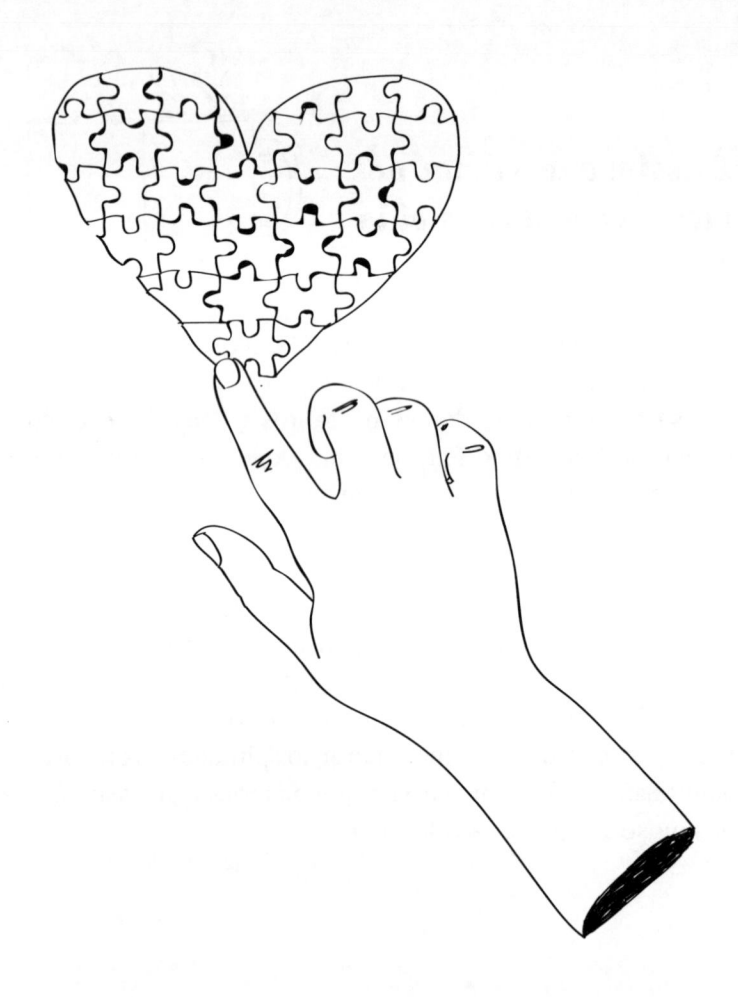

e que o mundo inteiro saiba
que foi você quem juntou
os meus pedaços.

Obrigado por estar aqui

Ei, obrigado por ter ficado e aguentado todos esses dias e meses ao meu lado. Talvez, sem você, eu não tivesse suportado. Obrigado por ser a melhor companhia e por preencher meus dias com um pouco de poesia. Obrigado por me proporcionar tantas alegrias. Obrigado por todos os bons momentos que vivemos este ano e por me fazer sorrir. Obrigado por estar aqui.

O *amor está na torcida*

O amor também está na torcida.

Torço para que nós possamos encontrar alguém para compartilharmos e mostrarmos nossos textos favoritos, nossas lanchonetes, os bares que amamos frequentar e todas as nossas músicas chicletes. Assim como as avenidas que amamos passar quando o relógio bate e já é fim de tarde, assim como nossas ruas favoritas, aquelas repletas de árvores, e todos os outros lugares da cidade. Torço para que possamos encontrar alguém que esteja preparado para lidar com algumas de nossas feridas, que converse conosco até tarde, que queira passar um sábado no parque, deitado na grama.... Alguém que tenha a quinta-feira como o dia favorito da semana. Torço para que possamos encontrar alguém que também seja apaixonado por música, que goste de filmes como Frances Ha, alguém que também tenha se emocionado e chorado ao assistir Interestelar. Alguém que tenha o humor leve, sabe? Alguém que segure nossas mãos e, num salto, nos faça levitar... Alguém que chegue para ficar e para nos fazer voltar a acreditar. O amor também está na torcida.

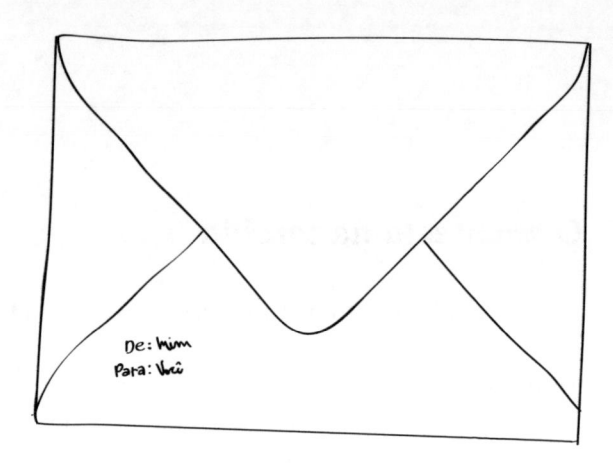

Um texto para você

Eu vou escrever um texto para você. Um texto singelo, desses que seu coração apertará ao ler cada palavra. Nesse texto conterá amor, paixão, saudade e também algumas palavras monossilábicas. Será um texto para que você leia após um dia cansativo de trabalho e faculdade, minutos antes de dormir ou pode ser lido, também, durante a tarde. Será parte da demonstração do meu amor através de algumas palavras que te enviarei antes do carnaval. É que, sabe, eu quero que esse também seja um dos motivos de te ver feliz na avenida, como sempre fez, dançando com alegria, enquanto segura sua cerveja gelada de forma triunfal. Será um texto romântico, repleto de todo aquele inhê-inhê-inhê que só nós temos. Um texto que transmita um pouco da admiração que tenho por você e por tudo o que já vivemos. Eu vou escrever um texto para você, um dia, hei de escrever, um texto para você.

não há nada mais amável

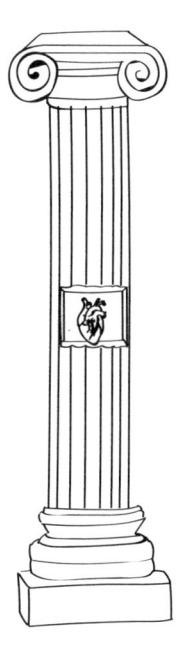

que um coração inabalável.

hoje busco esquecer a marca
do teu beijo numa garrafa qualquer
de uma cerveja qualquer que eu
nem sei de que marca é.

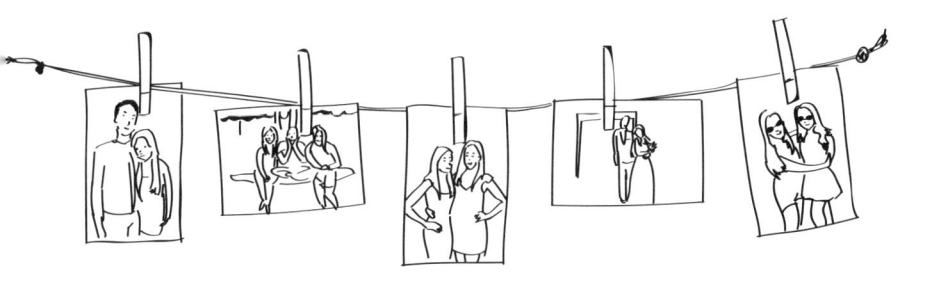

O amor é roupa limpa e pendurada no varal

O amor é como uma canção do bom e velho Chico Buarque num domingo de manhã. É como aquele pãozinho na chapa acompanhado de café com leite. O amor é sorriso no rosto, pele com pele, mãos nas mãos.... É beijo quente encostados na parede. O amor é celebração à união, é cantar bem alto aquele refrão. O amor é como dançar descalços na cozinha enquanto enche-se a mesa de frutas e prepara-se aquele banquete. É grudar o coração no da outra pessoa, sem medo de um dia soltar. O amor é colar fotos no mural do quarto, é encher incontáveis balões com ar. O amor é pulo de alegria, folia mesmo não sendo carnaval. O amor é declamar poemas apenas com olhares, é roupa limpa e pendurada no varal.

e que cada estrela
incontável do céu
seja um beijo que
eu ainda não te dei.

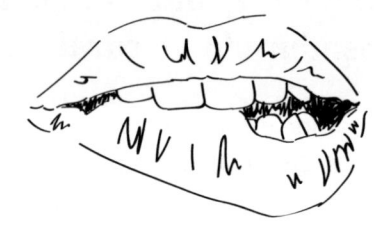

Vai aparecer alguém

Ei, sério, vai aparecer alguém!

Vai aparecer alguém que vai tirar teus pés do chão.

Vai aparecer alguém que vai te convidar para ir ao cinema.

Vai aparecer alguém que vai elogiar o teu riso bobo.

Vai aparecer alguém querendo te encontrar numa quinta-feira.

Vai aparecer alguém que amará comer pizza contigo.

Vai aparecer alguém te enviando áudios no Whatsapp.

Vai aparecer alguém dizendo que não para de pensar em ti.

Vai aparecer alguém que também procurava alguém....

Até encontrar você.

Hoje eu acordei amando

Hoje o amor veio me visitar. Veio em forma de lembrança, dessas que tempo nenhum será capaz de apagar. Veio quando ainda era manhã, quando raios de sol invadiram meu quarto. Veio sem nem saber se eu o havia convidado, aparecendo poucos minutos após eu ter acordado. O amor colocou a minha cabeça no travesseiro e, improvisou ali, um cafuné gostoso. O amor me levou de volta ao teu sorriso, aos traços do teu rosto, e logo em seguida me fez pegar uma caneca com café, me trazendo também as lembranças do teu cheiro e do teu gosto. O amor, então, sorriu para mim e disse "parece que alguém aqui acordou amando..."

É, amor, hoje eu acordei amando.

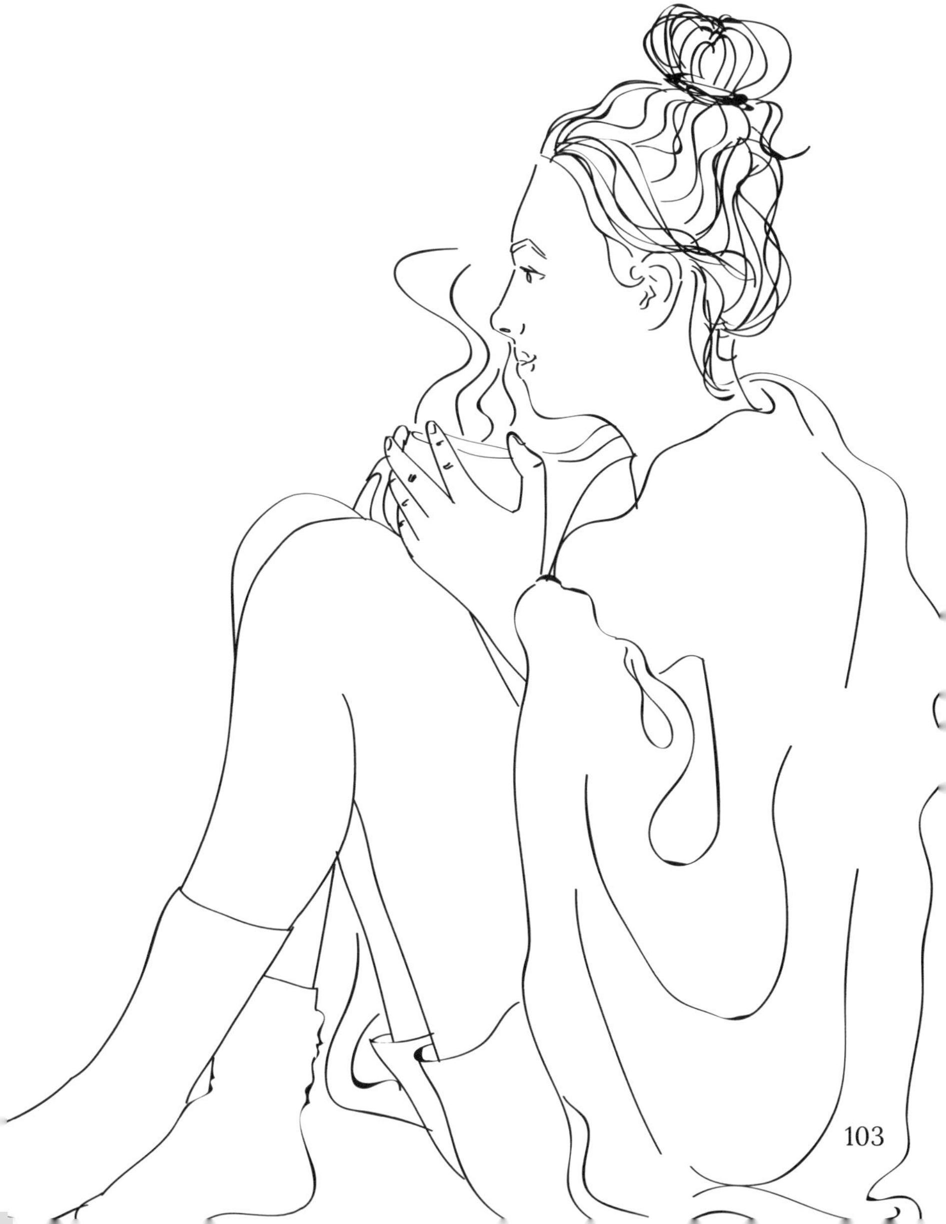

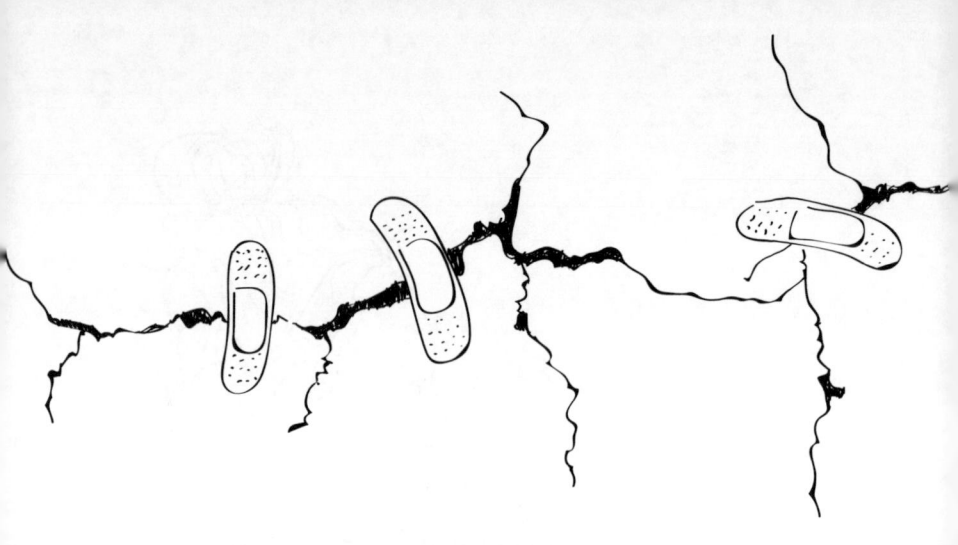

Se eu tivesse uma máquina do tempo... eu teria voltado e te evitado

Se eu tivesse uma máquina do tempo eu já teria voltado e te evitado. Eu não teria me encantado com o teu jeito, nem com a droga do teu sorriso. Se eu tivesse uma máquina do tempo, eu não teria me entregado. Eu não teria aceitado essa tua ideia maluca de acreditar que isso é amor, e que ele existe assim, quando há entrega somente de um lado. Eu teria feito outra escolha, teria te ignorado, teria atravessado para o outro lado. Se eu tivesse uma máquina do tempo, meu bem, o meu coração não estaria machucado. O meu passado recente não precisaria ser cicatrizado.

afogue as incertezas
deixe o passado para trás
navegue em um novo amor
amarre a tua vontade em
um novo cais

tenho descoberto novas palavras no
dicionário e confesso que ainda não
encontrei alguma que consiga dar
significado ao exato instante que
teus olhos garantem diante dos
meus que ainda há muito o que
descobrirmos juntos.

Quem manda na saudade é o domingo

Falem o que quiser, mas quem manda na droga da saudade é o domingo. É dele, toda a dor e o aperto no coração. É dele essas horas que nos deixam sem saber lidar, meio perdido, meio sem jeito. É do domingo as palavras que, muitas das vezes, digitamos e enviamos, sem medo do que virá. Sem nem se preocupar com o que virá. É do domingo todo o tédio e toda a falta do perfume daquele alguém, aquele cheiro de quinta-feira no cinema. É no domingo que esvaziamos a garrafa que já vínhamos bebendo a semana inteira. É do domingo a culpa por todas as séries maratonadas sem alguém ao lado. É do domingo a saudade que não deixa o peito aliviado. Ah, domingo, danado. Domingo é foda, você querendo ou não, e o que nos resta é saudade. É o dia em que nos despimos de toda vaidade e aceitando ou não, precisamos encarar esse dia de solidão. Domingo é foda, cara, domingo é foda. É de machucar o coração.

Como é bom te namorar

Você não faz ideia de como é bom te namorar.

Você não faz ideia de como é bom saber que você é a pessoa que a vida escolheu para mim. Você não faz ideia da felicidade que sinto quando você avisa que vai vir me ver (e quando não avisa também). Você não faz ideia das vezes em que vou dormir sorrindo, feliz, por saber que é com o seu "bom dia" que acordarei na manhã seguinte, é com você que dividirei os melhores momentos e é com você que passarei os melhores fins de semana e comerei as melhores pizzas. Você não faz ideia dos planos que tenho para nós dois, e da vontade de conhecer diversos lugares estando ao teu lado. Você não faz ideia do orgulho que sinto em poder dividir a minha vida com você. A gente se encaixa tão bem que fica difícil até de explicar. Você não faz ideia, mas eu faço. Só eu sei o quanto é incrível te amar.

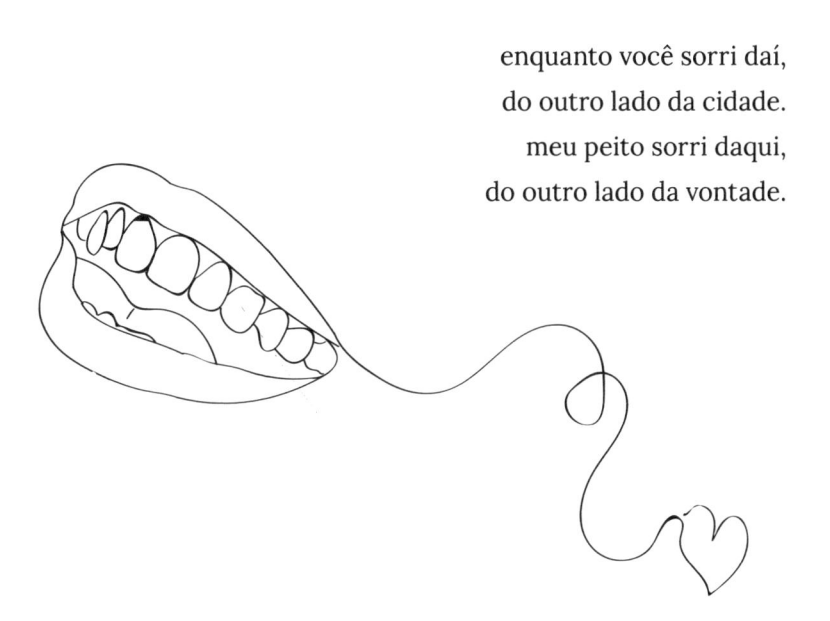

enquanto você sorri daí,
do outro lado da cidade.
meu peito sorri daqui,
do outro lado da vontade.

vai ficar tudo bem e você
pode seguir em frente. a
minha solidão não há
de ser permanente.

Três vidas contigo

Adoro quando acordamos após a bagunça da noite anterior e dançamos valsa deitados na cama, quando dizemos que o café nas canecas parece champanhe nos fins de semana, quando brindamos o que temos, baixinho, que é para o mundo não nos ouvir e nos tirar de nós. Adoro sussurrar ao teu ouvido que passaria três vidas contigo, que facilmente te casaria comigo, na grama, nas sombras das árvores, em pleno vento que bate forte aos sábados, baixinho, que é para o mundo não nos ouvir e nos tirar de nós. Adoro quando não tenho planos para o dia e você pede que eu fique, que eu demore, que eu te namore, adoro quando me diz que separou algo novo para que nós possamos assistir, com o sorvete de napolitano ao lado, com o volume baixo, que é para o mundo não nos ouvir e nos tirar de nós. Adoro quando volto para casa no fim de tarde com o teu cheiro na minha roupa, confesso que adoro, também, a nossa despedida.... Aquele fervor, aquela coisa louca, aqueles segundos em que o amor conversa com nós, baixinho, que é para o mundo não nos ouvir e nos tirar de nós.

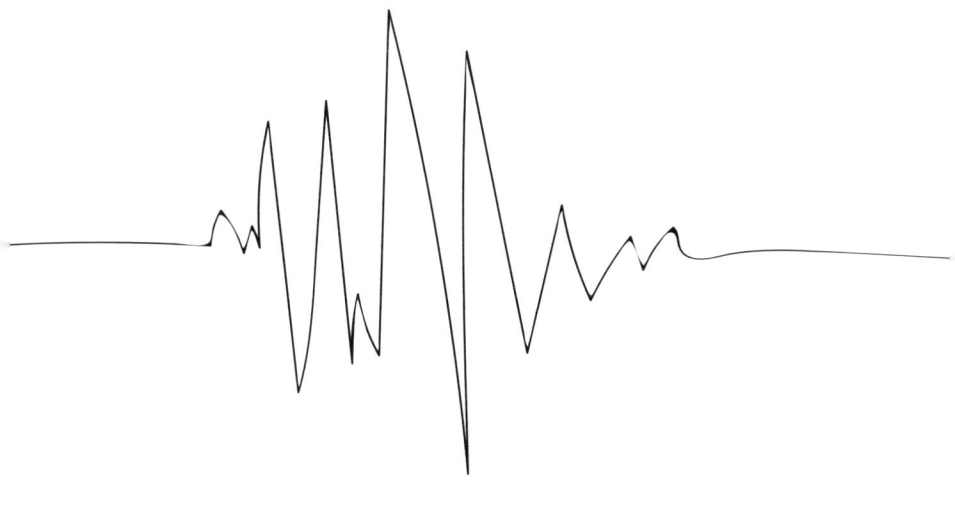

um beijo demorado
um abraço apertado
um coração acelerado.

ô coisa boa
isso de amar
e ser amado.

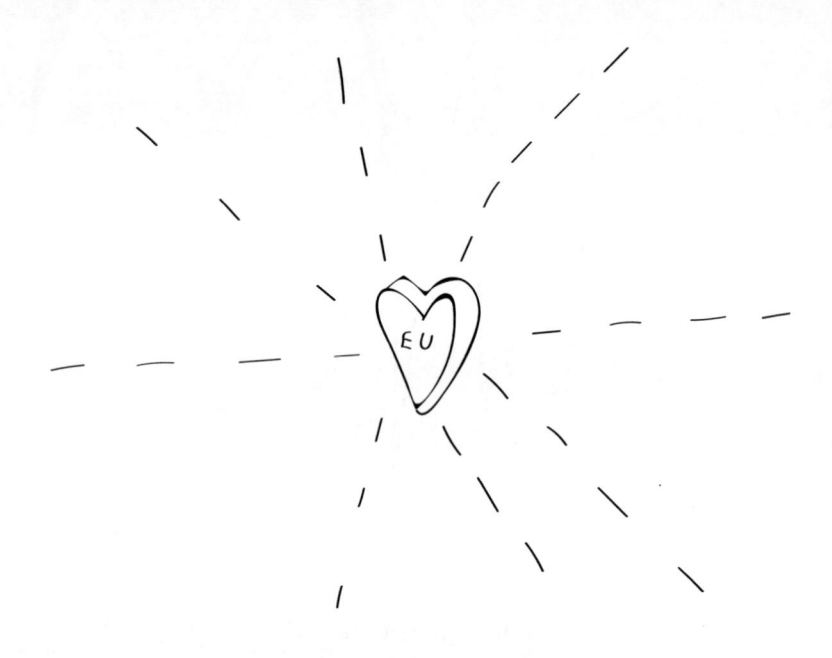

amor próprio é o que deve
ficar quando aquele possível
amor já não quiser pacificar.

Esperar alguém

Eu espero por alguém que fique ao meu lado.

Eu espero por alguém que seja sincero, que queira ficar, que me ajude nos momentos em que eu mais precisar e que busque todos os dias me amar. Alguém que não dê soluções para os meus problemas, mas que me faça enxergar como solucionar. Alguém que me escute, que ouça e aceite os meus dilemas, alguém que me recite um poema, alguém para passar tardes inteiras em frente ao mar, alguém que saiba se entregar. Eu espero por alguém que também prefira passar um fim de semana vendo séries e comendo besteiras, eu espero por alguém que queira viver ao meu lado por três vidas inteiras. Alguém paciente, alguém que saiba aproveitar o presente, alguém que saiba agir verdadeiramente. Eu espero por alguém que me aceite como sou, alguém com doutorado na arte do amor. Alguém que segure minha mão e diga que os problemas irão passar, que queira me acompanhar, alguém que queira amar e ser amado. Eu espero por alguém que fique ao meu lado.

Todo dia é dia de amar

Todo dia é dia de amar alguém.

Sim, eu sei que há dias que parece que isso não vai rolar, mas calma, respira, e não esquece que todo dia é dia de amar. Todo santo dia é, sim, dia de enviar aquela mensagem para aquele alguém especial, é dia de se entregar sem medo que algo possa fazer mal. Todo dia é dia de agradecer aos céus por ter alguém. E todo dia também é dia de tentar ir além. É, bem além. Todo dia é dia de saber como foi o dia da outra pessoa, é dia de sorrir ao ouvir algum áudio a toa e ver algum seriado. Todo dia é dia de ir dormir sonhando acordado. Todo santo dia é dia de demonstrar, e tentar fazer com que as bobagens da rotina não possam atrapalhar. Todo dia é dia de acreditar, é dia de desejar e também é dia de abraçar bem. Todo dia é dia de amar alguém.

hoje você me encontrará
somente em algumas
páginas de alguns versos e
então se perguntará no que
poderíamos ter sido se tivesse
feito justamente o inverso.

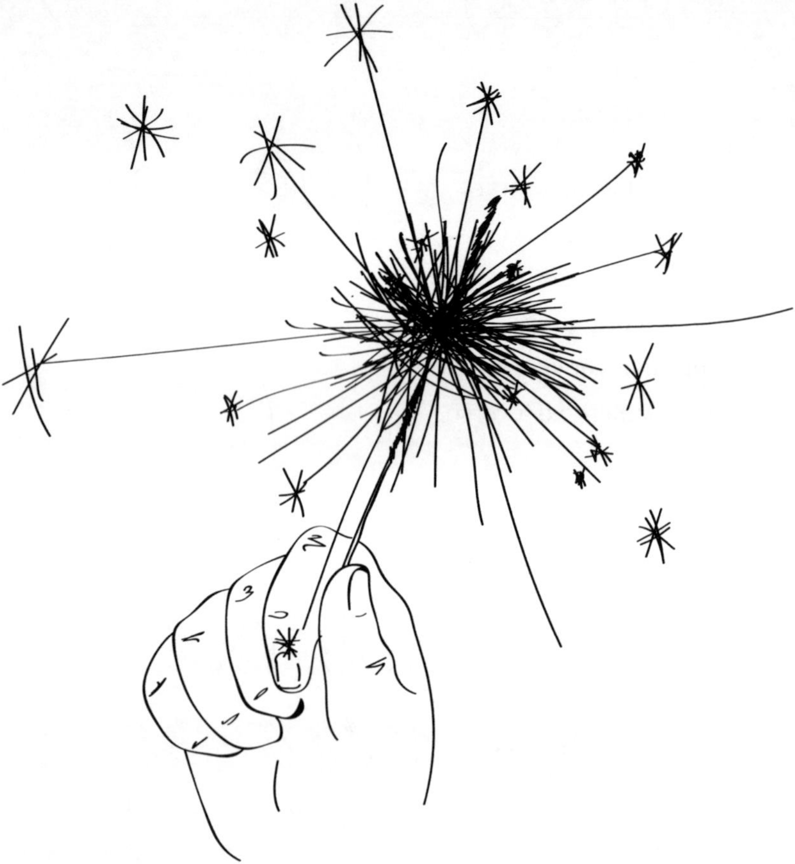

Talvez

Talvez amanhã o amor te encontre e te pegue de surpresa, já que parece que você tem se escondido dele ou vive numa eterna lerdeza. Talvez, ao te ver, ele te abrace no meio de uma rua movimentada e te dê um beijo na testa, talvez ele te faça caminhar por alguns minutos enquanto te conta piadas e te arranca boas risadas, talvez ele te prepare uma festa. Talvez tenham balões coloridos, talvez o amor vá mesmo te dar aquela moral.... Talvez ele transforme esse teu tanto triste numa eterna folia, talvez ele deixe tudo num clima de carnaval. Talvez ele dance contigo a dança dos dias, o baile das horas. Talvez o amor te encontre e jamais queira ir embora. Talvez seja a hora. Talvez.

Obrigado por não ter ficado

Obrigado por não ter ficado. E por ter me ensinado – mesmo que da pior maneira – que amar alguém pode até ser especial, mas não há nada mais lindo do que acordar numa segunda-feira, colocar-se em primeiro lugar e perceber o quanto isso és essencial. Obrigado por me fazer enxergar que, na verdade, quase tudo é efêmero e passageiro, exceto a minha prioridade, essa prioridade que hoje carrego como meu maior triunfo, essa prioridade que me transformou em alguém maior e melhor, que fez aquele sentimento ruim ir embora ligeiro. Obrigado, também, por todas as vezes que não soube lidar com minhas escolhas e com a minha intensidade. A tua ida só fez com que eu amasse cada vez essas minhas particularidades. Obrigado por não ter ousado, por não ter ficado e, até por não ter se entregado, pois hoje é o amor próprio quem dorme ao meu lado.

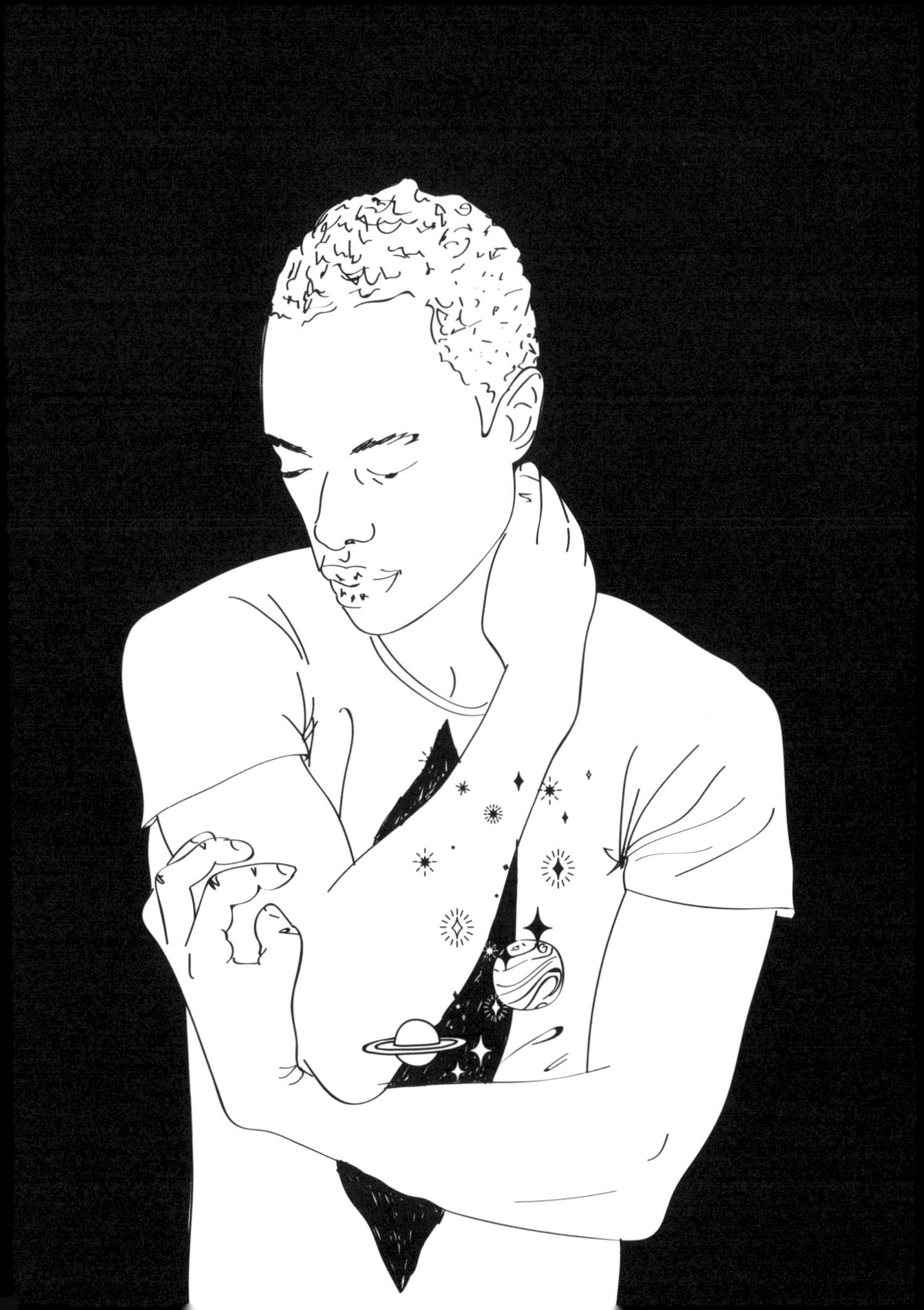

Não aguento mais esperar

Olha, chega logo, chega logo que eu já não aguento mais esperar. Chega logo que os dias têm sido ruins e eu já não sei mais por onde caminhar. Chega logo que eu mando a solidão ir passear. Olha, preciso te dizer que às vezes faz frio mesmo em dias de verão, e que às vezes sinto que você não está vindo em minha direção. Não deixa de vir em minha direção. Vem, vem em minha direção. Sabe, a verdade é que eu não sei em qual direção estás vindo, mas vem voando, vem que eu já conto as horas para te ver chegar. Vem sobrevoando o mundo, vem num impulso profundo, vem com vontade de ficar. Deixaram-me numa bagunça, com tudo fora do lugar, tentaram fazer com que eu parasse de acreditar, mas se você vier, meu bem, prometo fazer do meu peito o teu lar. E que o amor possa nos acompanhar.

às vezes penso que,
num universo paralelo
e não tão distante,
a gente conseguiu
ir adiante.

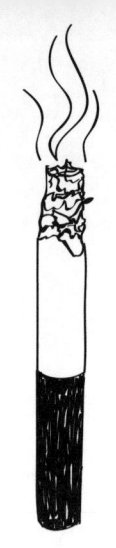

Ainda bem que acabou

Ainda bem que acabou.

Acabou, ainda bem que acabou. Acabou e, olha, foi a melhor coisa que poderia me acontecer. Acabou e hoje eu posso dizer com todas as letras: eu não quero mais você. Eu nunca mais quero perder meu tempo correndo atrás de você. Hoje estou livre e não há nada melhor do que isso. Desculpa eu te falar assim, mas você foi apenas um vício, um breve vício. Olha, não pensa que carregarei mágoas ou qualquer outro sentimento ruim, eu sou muito maior do que esse nosso fim. Eu trago no peito o amor, eu sou do tipo que gosta de intensidade e dos sentimentos de verdade. Desculpe, mas você já foi tarde, meu bem, você foi tarde. Agora o meu amor é meu e eu posso fazer o que eu quiser, posso conhecer novos lugares, novas pessoas, posso sorrir à toa. Te agradeço pelos bons momentos e por tudo que passou. Mas, olha, ainda bem que acabou.

hoje eu estive lembrando
do passado e percebi que
aquele teu amor é que era
sem futuro.

e mesmo com a distância física dos nossos corpos,
eu sigo acreditando que nossas almas continuarão
dando um jeito de sempre dormirem abraçadas.

Te encontrar é bom

Te encontrar é bom.

É como ouvir "Faz Parte do Meu Show" na voz do Cazuza em plena tarde de sábado e sentir que a poesia vai bem além do que conseguimos entender. É saber que sente, sem precisar se cobrar, sem buscar ao menos entender. Te encontrar é bom, é como se atirar na cama, com pipoca, chocolate e então encontrar algo de bom na Netflix para se entreter. É como aquarela pintada por crianças, pássaros cantando, chuva caindo enquanto faz sol. Te encontrar é bom, tão bom como quando eles gritam e comemoram vendo um gol numa partida de futebol. É como ida ao supermercado, é como um autógrafo de alguém que se admira muito ou como dormir abraçados. Te encontrar é bom, é como Cordel do Fogo Encantado. É como suco de maracujá para acalmar os corações acelerados, é como acender um cigarro e jogar fumaça para o alto. Te encontrar é bom... Melhor ainda se for para te amar e ser amado.

Tem sorriso que parece casa

Tem sorriso que parece casa.

E faz a gente se sentir como alguém que viajava por muito tempo, mas que precisava voltar ao lar de onde nunca deveria ter partido. Tem sorriso que parece casa arrumada, com um cheiro bom e com tudo no lugar, tem sorriso que parece nos proteger do frio, que parece abrigo. Tem sorriso que parece aquelas casas com paredes claras, repletas de quadros coloridos. Tem sorriso que a gente olha, assim, e faz do nosso dia e daquele momento algo mais bonito e significativo. Tem sorriso que faz a gente se sentir vivo.

Meu amor é teu

O meu amor é teu, daqui até o Japão.

Danem-se os quilômetros e todas as cercas nas estradas que tentam me separar de ti. Danem-se os fios, as torres de telefonia celular e o sinal do Wi-Fi que insiste em oscilar. Dane-se o fato de tu morar em outro bairro, cidade ou estado. Dane-se se não estamos, fisicamente, lado a lado. Dane-se a falta de dinheiro ou de tempo e o preço das passagens de avião. O meu amor é teu, daqui até o Japão.

Tá faltando amor

Tá faltando reciprocidade, sabe? Está faltando empatia. Tá faltando entrega e a chama que arde, tá faltando se entregar até tarde, tá faltando abrir o peito e deixar que ele seja moradia. Tá faltando isso, sabe? Tá faltando alegria. Tá faltando afeto, confiança e honestidade. Tá faltando o oposto de toda futilidade, tá faltando harmonia. Tá faltando se colocar no lugar do outro, tá faltando amar com todo o coração e ainda assim considerar pouco. Tá faltando amor, nesse mundo de louco.

e eu sempre lembrarei
do fogo que acendeu
quando eu bati meu
olho no teu.

É hora de recomeçar

Não, não vai ser fácil, mas chegou a hora de recomeçar. Chegou a hora de tentar apagar da mente, mesmo que o coração não queira apagar. Chegou a hora de tentar ficar contente, e deixar o que passou para lá, chegou a hora de caminhar sem aquele alguém que não queria caminhar, chegou a hora de acordar. Sim, chegou a hora de recomeçar. Esse é o momento certo para tentar cicatrizar as feridas, é o momento certo para se despedir de vez de quem só pensava na hora da partida, é o momento certo para esquecer quem não quis acrescentar em nada na tua vida, é o momento certo para se amar por três vidas, longe de quem só quis te magoar. Chegou a hora de ouvir novas músicas, de sentir outros cheiros, de viajar no sorriso de alguém, de viver e deixar-se ir em devaneios, de assistir novos filmes, de comer enquanto faz algo legal, chegou a hora de levantar esse astral. Olha, é possível, sim, saber quando os dias ruins irão acabar, é possível, sim, renovar o coração para um futuro que há de chegar. É possível recomeçar.

de ti só lembro
do pouco que foi bom
e do muito que não deu
tempo de ser.

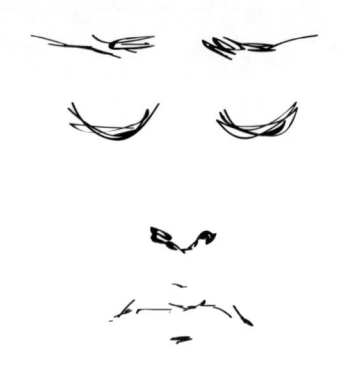

Saudade

Oi? Como vai? Muito tempo? Ainda lê o que te escrevo? E esse sorriso? Sente saudade? Está se alimentando bem? Ainda gosta de sushi? E açaí? Ainda gosta de sair por aí? Já fez planos para o próximo ano? Comprou roupas novas? Tem limpado bem a lente dos óculos? Ainda ajusta ele no rosto sem utilizar as mãos? E as tuas caretas, tem alguma nova que eu não possa mais ver? Tem estudado muito? Ainda com planos de fazer aquela tatuagem? Ainda ouve aquela nossa banda? Continua acordando e sendo o ser humano mais lindo do mundo inteiro? Seu gato está bem? E a sua família? Faz tempo que não come chocolate? Qual o último filme que você assistiu no cinema? Ainda come pizza de calabresa e lembra de mim? Está mais confiante? Mais forte? Ainda tem medo? Perdeu o medo? E a vontade de me encontrar? Aí? Tem tomado muito milk-shake? Ainda dorme com a janela do quarto aberta? Tem visto o pôr do sol com frequência? Muito álcool? Continua encantando as pessoas por onde passa? O sorriso está mais largo? Ainda enxerga as cores? Tem assistido alguma série? Aprendeu a gostar de Star Wars? O time que você torce tem vencido muitas partidas ultimamente? Está lendo qual livro? Atualizou a playlist no Spotify? E pizza, tem comido muitas? Saudade de comer pizza comigo? A sua preferida ainda é aquela que mandam entregar mais rápido? Ainda pensa em casar? E ter filhos? A vontade de conhecer novos países ainda está de pé? Você ainda dorme com o travesseiro que te dei? Tem dançado muito ao som de Los Hermanos? Teus discos estão pendurados na parede do quarto? Tem ido ao supermercado e tem trazido o quê? E teu quarto, mudou muito? Tua cama ainda continua sendo o melhor lugar de toda a galáxia? Quem te abraça, abraça forte como eu te abraçava? E os beijos? Beijo? Saudade dos meus? Saudade? Saudade? Saudade? Saudade? Saudade? Saudade.

devo dormir,
mas queria ir aí
invadir teu quarto
e despir minha alma para ti.

Vidas passadas

Sim, eu acredito que seja desde vidas passadas.

Eu sei que parece loucura, mas eu realmente acredito que nós temos uma conexão de vidas passadas. Sei lá, talvez em 1758 meus beijos já fossem teus. Talvez naquela época minhas mãos já segurassem as tuas. Talvez a gente já tivesse espalhado nosso amor pelas ruas. Talvez eu já te namorasse, assim como a gente namora a lua. Talvez eu já estivesse na tua. E, olha, eu estou tão na tua. Sério, falando sério, só pode ser isso. Essa nossa conexão só pode ser algo de quem já se conhece há bastante tempo. Não é possível que duas pessoas se gostem tanto e combinem tanto como nós dois. As loucuras que aprontamos, as risadas, os carinhos que trocamos e os bons momentos que compartilhamos, tudo isso parece ser algo maior quando estamos juntos. A gente faz de um fim de semana qualquer um carnaval fora de época. E só eu quero mais disso, mais de nós, mais de ti, mais dos teus beijos e abraços, por décadas e décadas.

Ainda espero por você

Sabe, das coisas que já fizemos juntos, fingir que não somos nós foi de longe a pior delas. Das vezes que tomamos sorvete, dos desencontros, das idas ao shopping, dos abraços no terminal de ônibus, das discussões na inocência do saber, das pizzas de calabresa vendo TV, das pequenas doses de ciúmes, do mais puro prazer. Sabe, do amor fervoroso ao anoitecer e das declarações que era para o mundo inteiro ver, fingir que só sabemos o nome um do outro dói o peito e rasga a alma. Faz o coração quase parar de bater. Sabe, eu senti muito, lembrando que aquela tua voz que me chamava de "meu bem-querer", hoje me mandou um áudio no Whatsapp que diz, demonstrando apatia, "foi bom te ver". Sabe, eu não sei o que fazer. Não sei o que mundo vai querer, não sei qual caminho devo percorrer. Sabe, faltou até coragem para te responder. Deu medo de te ver se afastar cada vez mais. Eu certamente não saberia o que fazer. Ignorei, mas afirmei olhando para o céu, em uma noite qualquer: o destino, maldoso, não quer saber. Ele quer nos ver sofrer. Não liga, não. Eu sei. Você sabe. Ainda há tempo de ser. Ei, se a saudade apertar novamente, vem aqui me ver. Manda outro áudio dizendo que está trazendo fandangos de presunto e um filme de comédia romântica para a gente ver. Põe aquele teu sorriso singelo, calça teu chinelo e vem correndo querer.

Eu ainda espero por você.

e para os dias
que faltam abraços
um livro de poemas
embaixo do braço.

Agradecimentos

Agradeço aos meus pais, por toda a dedicação, o empenho e o amor que deram a mim e as minhas irmãs ao longo de toda a nossa caminhada. Obrigado por, mesmo passando por algumas condições adversas, proporcionar a nós o conforto de ter onde dormir, ter o que vestir e comer. Obrigado por todas as vezes que me protegeram do mundo na infância e na pré-adolescência. Obrigado pelas lições, pelos conselhos e por me ajudarem a ser o que sou. Vocês serão, para sempre, minha heroína e meu herói.

Agradeço ao meu ídolo, Lucas Silveira, vocalista da banda Fresno, músico, compositor, escritor, produtor musical, idealizador e divulgador científico. Obrigado, muito obrigado, por todas as vezes que cantou aquilo que precisei ouvir. Obrigado por me fazer viajar para outras cidades somente para ir aos seus shows, obrigado pelos discursos, pelos abraços e pelas mensagens respondidas. Obrigado, em especial, por aquela apresentação solo que fez em Fortaleza, no extinto Black Jack, em 23/12/12. Obrigado por ser verdadeiro o suficiente para me ajudar a encontrar as minhas verdades. Serei eternamente grato e honrado de viver na mesma época que você.

Agradeço aos amigos, colegas e pessoas que, de alguma maneira, me inspiraram nesses últimos anos, tanto presencialmente, como virtualmente. Obrigado por me encorajarem, pelo feedback dado, pelas dicas, conselhos, compartilhamentos e divulgações dos meus textos e versos. Aqui vai o meu agradecimento especial a: Álefi Araújo, Luan Cunha, Andrielly Godeski, Savio Fouly, Brena Mendes, Ramalho Neto, Breno Kaeru, Beatriz Caracas, Andrew Xavier, Caroline Alves, Felipe Barros, Glenda Queiroz, Marcelo Lopes, Izabelle Almeida, Daniele Souza, Ruth Fernandes, Carolina Dytz, Alexmar Matos, Letícia Carvalho, Breno Ferreira, Milla Figueiredo, Brunno Leal, Rodrigo Palauro, Mirlla Lima, Ester Barroso, Raynara Kelly, Matthaus Linhares, José Danilo Rangel, Sílvia Maria, Zamin Duarte, Fabricio Garcia, Leonardo Araújo, Clarissa Ferreira, Ana Kelly, Luiza Nobre, Raphaella Ribeiro, Nildo Morais, Jorge Luís, Bruno Fontes, Isabella Karízia, Bruna Andreoli, Drika Fernandes, Phill Veras, Jeyziane Maciel, Anderson Pedro e Gabriela Alves. Peço, também, sinceras desculpas, caso não tenha lembrado o nome de mais alguém.

Agradeço, também, a Jordana Carneiro e todos da Editora CeNE, por me procurarem e acreditarem no que venho fazendo. Obrigado pelas trocas de ideias, pelas reuniões, pela paciência e por se dedicarem tanto para que este livro estivesse pronto.

Por fim, agradeço a você, caro leitor, que me encontrou nas redes sociais e hoje se depara com meu livro em mãos. Agradeço pela identificação, por enxergar a intensidade que busco transmitir através das palavras. Agradeço pelas curtidas e comentários nos posts, tanto no Facebook como no Instagram. Agradeço, também, pela troca de mensagens, por responder as enquetes, por compartilhar os escritos nos stories e por me fazer acreditar que, sim, eu deveria lançar um livro. Está pronto, em suas mãos, e você faz parte disso. Acredite.

De todo o meu coração, obrigado, sempre.

Este livro foi impresso em papel off-set 90g, com capa em cartão duo designer 300g, acabamento em verniz localizado, alto relevo e laminação fosca. Produzido no mês de Outubro de 2018, na Gráfica Santa Marta LTDA, Distrito Industrial, João Pessoa, Brasil.